آنطوان دو سنت أگزوپری

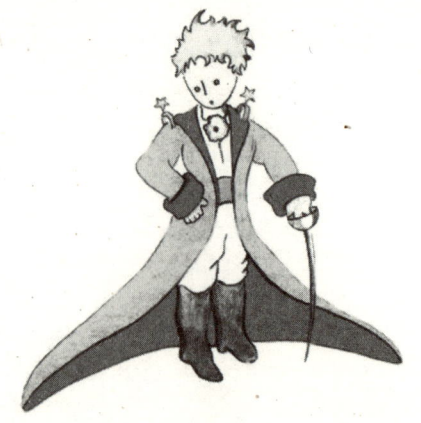

کوچوك پرنس

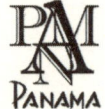

PANAMA

كوچوك پرنس

آنطوان دو سنت أگزوپرى

پاناما يايين نو: ٣٠٤

كتابك اوريژينال آدى
لو پوتى پرنس

گنل يايين يونتمنى
جانر وورال

فرانسزجه‌دن چويرن
فرحت چنار

عثمانلى توركچه‌سى
عبدالرحيم اوزر
اويكو اوزر

قاپاق و صحيفه طاصاريم
ليلا چليك

باصقى-جلد: آيرنطي مطبعه سى
سرتيفيقه نو: ١٣٩٨٧
يايينجى سرتيفيقه نو: ١٨٤٣٩

© بو كتابڭ هر حقى صاقليدر.
يايينجينڭ اذنى اولمقسزن چوغالتيلامز،
قايناق كوسترمك صورتيله آلينطى ياپيلابيلر.

پاناما يايينجيليك
در. مديحه ألدم صوقاق
نو: ٢/٦٠ قيزيلاى/ انقارا
تل-فاقس: ٠٣١٢٤٣٢١٤٨٩
www.panamayayincilik.com
info@panamayayincilik.com
ISBN: 978-975-2444-18-8
2. Baskı: Ocak 2024

آنطوان دو سنت أگزوپری

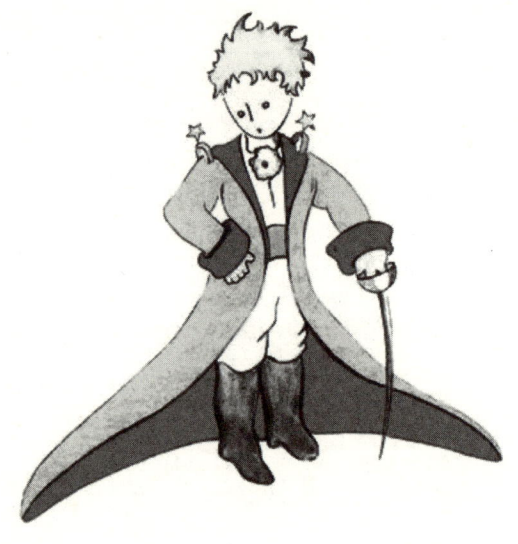

كوچوك

پرنس

آنطوان دو سنت أگزوپری

۲۹ حزیران ۱۹۰۰ ده فرانسه نڭ «لییون« شهرنده طوغدی. بش قارداشڭ اوچونجیسی ایدی. آریستوقرات بر عائله یه منسوب اولان أگزوپری، دورت یاشینده ایکن باباسینی غائب ایتدی. باباسینڭ آردیندن عائله خیزله یوقسوللاشدی. آننه لری کولتورلی بر قادیندی. ایلك اوگرتمنلری آننه لری اولدی.

أگزوپری اوقولده باشاریلی دگلدی. اوده‌ولرله آراسی یوقدی، سورکلی جزاء آلییوردی. اوچاقلرله اون ایکی یاشینده طانیشدی. أولرینڭ یانینداکی هوا آلانینه کیزلیجه کیرر اوچاقلاری سیرایدردی. اون ایکی یاشینده ایکن بر پیلوت اونی اوچاغینه آلدی و اوچوردی. قارداشی فرانسوآنڭ اولومی اونی و عائله‌سینی چوق صارصدی.

لیسه یی بیتیردکدن صوڭرا پیلوت اولمه‌یی چوق ایستدیگی حالده آننه‌سینی قیرمامق ایچون دڭزجیلك اوقولینه قید اولدی. اون طقوز یاشینده «أکول ده بوز-آر« ده معمارلق فاکولته‌سینه گیردی. یگرمی بر یاشینده اردویه چاغیریلدی. أگیتیمینی یاریده بیراقیپ عسکره کیتدی. عسکرلك گوره‌وینی فرانسیز هوا قوتلرینده تەقنیسیەن اولاراق یاپدی. «استراسبورغ« شهرینده پیلوتلق أگیتیمی آلدی.

عسکرلگن آردیندن عائله‌سنڭ ایستگی اوزرینه پارسده بر اوفیسده قامیون صاتیجیسی اولاراق چالیشمه‌غه باشلادی. تجارت یاشانتیسینده باشاریسز اولدی. بو آراده یازی یازمه‌غه ده بشلامشدی.

۱۹۲٦ ییلی حیاتینده بر دونوم نقطه‌سی اولدی:

تکرار اوچمه‌غه بشلامشدی. «تولوز» و «داقار» آراسینده پوسته سرویسی یاپان اوچاغك پیلوتی اولاراق گوره‌وه باشلادی. ایلك کتابی «گونه‌ی پوسته‌سی»نی بیتیردی. بوراده ایلك اوچوش دنه‌ییملرینی آڭلاتییوردی. عینی شرکتك آرژانتین بولگه صورومليلغنه کتیریلدی. «گیجه اوچوشی» آدلی رومانی آرژانتین ده‌کی یاشانتیسنی اڭلاتیر.

پارسده أولندی.

اوتوز بش یاشنده ایکن اوچاغی عارضه یاپدی و تنوسده چوله زورونلی اینیش یاپدی، غائب اولدی. دورت کونلوك زورلي چول ماجراسی آردیندن بر بدوی طرفیندن بولوندی.

اسپانیا ایچ ساواشی بویونجه بر فرانسیز غزته‌سی آدینه مخابر اولاراق گوره‌و یابدی. هواجیلق آلانینده بر چوق بولوشه امضا اتدی. گیجه اوچوشلارینی دوزنلین جحازلاریڭ کلیشتیریلمسینده قاتقی صاغلادی.

ایکینجی دنیا صاواشی باشلادیغنده فرانسه، آلمانیانڭ ایشغالینه اوغرادی. قوموتانلاری أگزوپریه صاغلق طورومینڭ صاواش شرطلرینه اویغون اولمادیغنی سویلمسینه راغماً عسکره یازیلدی.

فرانسه‌نڭ ینیلگیسی اوزرینه ا.ب.د. یه گیتدی. بوراده ایکن یازدیغی «دنیا و انسانلر» ایله «صاواش پیلوتی» ادلی ایکی کتابی «نو یورق»ده چوق طوتولدی. أڭ اونملی اثری «کوچوك پرنس»ی ده بو دونمده یازدی.

اولکه‌سینڭ اشغال آلتینده‌کی طورومی اونو چوق اوزمکتیدی. اولایلر قارشیسنده سسسز قالامایاجاغنه قرار ویره‌رك ا.ب.د. اردوسونه قاتیلاراق یوزباشی رتبه‌سیله قوزه‌ی آفریقایه کیتدی. گوره‌وی آلمان اردولرینڭ حرکتینی هوادن ایزلمکدی.

۳۱ تموز ۱۹٤٤ده اوچاغی اورولدی و «مارسیلیا» آچیقلرنده دڭیزه دوشدی.

اوچاغینڭ انقاضی ۲۰۰۰ یلینده بالیقچیلر طرفیندن بولوندی.

له اون وورته...

بو كتابى بر يتيشكينه اتحاف اتديگم ايچون چوجوقلردن عذر ديلرم. اونملى بر ندنم وار: بو يتيشكين، دنياده صاحب اولديغم الڭ أيى دوستم. ديگر ندنم، بو يتيشكين هر شيئى آڭلايابيلير. چوجوق كتابلرينى بيله... واوچنجى ندنم، بو يتيشكين كيشى فرانسه‌ده ياشيور، اوراده آجيقيور و اوشويور. تسلييه بويوك احتياج دوييور. أگر بو سببلر يترلى دگلسه بن ده كتابى بو يتيشكين انسانڭ چوجوقليغنه اتحاف ايدرم.

هر يتيشكين اوگجه چوجوقدى... آما پك آزى بونى خاطرليور. اتحافمى شويله دوزلتيورم:

له اون وورته،

كوچوك بر أركك چوجوغى اولديغى

زمانلر ايچون...

بر

آلتی یاشمده ایکن بر گون، بالطا گیرممش اورمانلردن بحث ایدن، «یاشانمش اویکولر» آدلی بر کتابده محتشم بر رسم گوردم. رسمده، وحشی بر حیوانی یوتمق اوزره اولان بر بوآ ییلانی واردی. رسمڭ بر قوپیاسنی آشاغیه چیزدم.

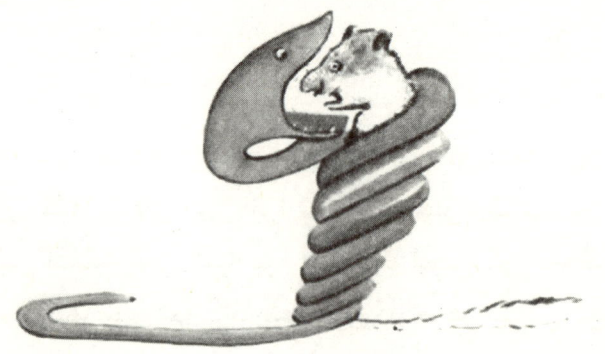

کتابده شونلر یازییوردی : «بوآ ییلانلری آولرینی هیچ چیگنه‌مدن، بوتون اولارق یوتارلر. دها صوڭرا اولدقلری یردن هیچ قیمیلدایامزلر و سیڭدیریملری ایچون گرکلی اولان آلتی آی بویونجه اویورلر. »

او گوندن صوڭرا بالطا گیرممش اورمانلر اوزرینه دوشوندم. براض اوغراشدقدن صوڭرا رنكلى بر قلم ایله ایلك رسممی چیزمه‌یی باشاردم. ۱ نومرولی رسمم شویله ایدی:

شاه أثرمی بویوكلره گوستررك رسممدن قورقوپ قورقمادیقلرنی صوردم.

اونلر ایسه بكّا «شاپقه دن قورقولورمی هیچ!» دییه قارشیلق ویردلر.

اویسه بن شاپقه رسمی یاپمامشدم. قوجامان بر فیلی سیڭدیرمكده اولان بر بوآ ییلانی چیزمیشدم. بو سفر، بویوكلر آڭلایابیلسن دییه بوآ ییلانینك ایچی گورنه‌جك شكلده بر رسم دها چیزدم. ذاتاً شو بویوكلره هر شیئی آچیقلامق گركیر. ۲ نومرولی رسمم شویله ایدی:

بویوکلر بوسفرده بڭا، بوآ ییلانینڭ ایچیله ویا دیشیله اوغراشمغی بر یانه براقیپ جغرافیا، آریتمتیك و دیل بیلگیسی ایله ایلگیلنممی اوگوتله‌دیلر. ایشته، هنوز آلتی یاشمده ایکن ایلریده بلکه ده چوق أیی بر رسام اولمه فرصتنی بویلجه قاچیرمش اولدوم. ۱ و ۲ نومرولی رسملرمده اوغرادغم باشاریسزلق جسارتمی قیرمیشدی. بویوکلر ذاتاً بر شیئی کندی باشلرنه هیچ اڭلایامزلر. اونلره دائما آچیقلامه یاپمه مجبوریتنده اولمق ده چوجوقلر ایچون اولدقجه جان سیقیجی.

بو یوزدن کندیمه بر باشقه مسلك سچمك زوروندە قالدم و پیلوت اولدم. دنیانڭ هر یرینه اوچدم. اصلنده جغرافیا بیلمك چوق ایشمه یارادی. بولوندیغم یرڭ چین می، یوقسه آریزونا می اولدیغنی همان آڭلایابیلیورم. گیجه‌لری یولینی شاشیردیغنده بو طرز بیلگیلر انسانه یاردیمجی اولویور.

حیاتم بویونجه، بر چوق اونملی انسانله الیشکی قوردم. بویوکلرله اوزون سوره برلکده یاشادم. اونلری چوق یاقیندن طانیدم. فقط یینه ده اونلر حقنداکی قناعتم پك دگشمه‌دی.

آرا صیره براز دها زکی گبی گورونن بر بویوگه راستلادیغمده، دائما یانیمده طاشیدیغم ۱ نومرولی رسمله اونی امتحان ایدیوردم. گرچكدن زکی اولوپ اولمدیغنی اڭلامق ایستیپوردم. فقط نه یازق که او ده دیگرلریله عینی جوابی ویریوردی:

«بو بر شاپقه»

بن ده اونلره نه بوآ بیلانلرندن، نه بالتا گیرمه‌میش اورمانلردن، نه ده بیلدیزلردن سوز ایدیوردم. اونلرڭ دوزه‌ینه اینمیه چالیشیوردم. بریچدن، غولفدن، پولیتیقه‌دن، قراواتلردن بحث ایدیوردم. او زمان بو بویوك انسانڭ بویلسینه عقلی باشینده برینی طانیدیغی ایچون کیفی یرینه گلیوردی.

ایکی

بویلجه اوزون بر سوره، درتلشه‌بیله‌جگم تك بر دوستم بیله اولمدن یالڭز باشیمه یاشادم. تا كه بوندن آلتی آی اوڭجه، صحراء چولی اوزرینده اوچاغمله قضا گچیره‌نه دك... اوچاغڭ موتورینده بر پارچه قیریلمشدی. یانیمده، دگل بر ماكینه اوسته‌سی، بر یولجی بیله یوقدی. بو یوزدن چوق زور اولان بو تعمیر ایشنی كندم یاپمه‌غه باشلادم. بو بنم ایچون اولوم قالیم مسئله‌سی ایدی، چونكه یانیمده باڭه آنجاق سكز گون یته‌جك قدر صویم واردی.

ایلك گیجه، أكڭ یاقین یرلشیم یریندن بیڭلرجه میل اوزاقلقده‌كی بو قوملرڭ اوستنده اویودم. اوقیانوسڭ اورتاسینده قضایه اوغراییپ تك باشنه قالان بر دڭیزجیدن بیله دها یالڭزدم. گونش دوغاركن، باش اوجمده اینجه سسلی برینڭ سسنی دوینجه نه قدر شاشیردیغمی تخمین ادرسیڭز هر حالده. سس شویله دیوردی:

«لطفاً بڭا بر قويون رسمى چيز!«

«نه؟« دييه قارشيلق ويردم.

« بڭا بر قويون رسمى چيز،« دييه تكرارلادى.

بردن طوغريلدم. او آڭده بينمدن اورلمشه دوندم. گوزلرمى أييجه اووشدوردم و دقتله اطرافمه باقدم. قارشيمده، بڭا جدى جدى باقان چوق تحف، كوچوك بر انسان گوردم. اونڭ، صوڭرادن ياپمه‌غى باشارديغم پورتره سنه باقڭ. پورتره، اصلى قدر چكيجى اولمادى ألبته.

فقط بو بنم سوچم دگل. بویوکلر هنوز آلتی یاشمده ایکن بنم رسم یاپمه قونوسندەکی هوسمی قیرنجه، بوآ ییلانلرنڭ ایچدن و دیشدن گورونوشلری دیشینده بر شیئ چیزمیی اوگرنمیشدم.

گوزلرم فال طاشی گبی‌آچیلمش، قارشیمده طورن کیشیه باقیوردم. خاطرلرساڭز أڭ یاقین یرلشیم یریندن بیڭلرجه میل اوزقلقده اولدیغمی سویلمشدم. نه وار که بو کوچوك آدام نه چولده باشیبوش گزینن برینه نه ده آچلیقدن، یورغونلقدن، صوسزلقدن ویا قورقودن توکنمشه بڭزیبوردی. چولڭ اورتاسنده، انسانلردن بیڭ میل اوزاقده غائب اولمش بر چوجوك گبی ده طورمیوردی. صوڭنده کندیمی طوپارلەیابیلدیغمده اوڭا شویله دیدم:

«أیی‌آما... سن بورالرده نه آریورسڭ؟»

او زمان، صانکه چوق اونملی بر شیئ سویلیورمش گبی، یاواشجه عینی سوزلری تکرارلادی.

«لطفاً بڭا بر قویون رسمی چیز!»

انسان، عقل سرأردیرەمدیگی بر شیئه معروض قالیرسه اوڭا قارشی قویمەیی پك گوزه آلامز. هر نه قدر صاچمه گورنسه ده، أڭ یاقین یرلشیم یریندن بیڭلرجه میل اوزاقده، هم ده اولوم تهلکەسیله قارشی قارشییه اولمەمه رغماً جیبیمدن بر کاغد ایله دولمه قلم چیقاردم. فقط او آڭده،

شیمدییه قدر هپ جوغرافیا، تاریخ، آریتمتیك و دیل بیلگیسی ایله اوغراشدیغمی خاطرلدم. کوچوك آدامه، طبیعی بیراز ده اوزولرك، رسم چیزمیی بیلمه‌دیگمی سویلدم. بڭا شویله قارشیلق ویردی:

«ضرری یوق. بر قویون رسمی چیزیویرك بڭا.»

نه وار که دها اوڭجه هیچ قویون رسمی چیزممش ایدم. بو یوزدن اوڭا ، او گونه قدر چیزبیلدگم ایکی رسمدن برنی یاپدم. بو رسم، بوآ ییلانینڭ دیشدن گورینشی ایدی. رسمی کوچوك آدامه گوسترنجه، بڭا سویلدیکلری قارشیسنده شاشقینه دوندم.

«خایر، خایر! بن، فیل یوتمش بر بوآ ییلانی رسمی ایستمیورم. بوآ ییلانی چوق تهلیکه‌لی بر یاراتیقدر. فیل ایسه چوق یر قاپلار. بنم یاشادغم یرده هر شیئ چوق کوچوکدر. بنم احتیاجم اولان شیئ بر قویون. قویون چیز بڭا.

بونڭ اوزرینه بر قویون چیزدم.

دقتله باقدی و صوڭرا شویله دیدیِ:

«اولمادی! بو قویون شیمدیدن خسته گبی. باشقه بر دانه چیز.»

بر دانه دها چیزدم.

دوستم نازیکجه گولومسدی و آڭلاییشلی بر شکلده شونلری سویلدی:

«سنڭ ده گوردیگن گبی بو بر قویون دگل، بر قوچ. بوینوزلری وار.»

بر قویون رسمی دها چیزدم.

آما اونی ده اوته‌کیلر گبی بگنمدی.

«بو قویون ده چوق یاشلی. اوزون سوره یاشایاجق بر قویون ایستیپیورم بن، « دیدی.

آرتق صبرم قالمامشدی. بر آڭ اوڭجه موتوری سوکمم گرکدگی ایچون عجله ایله، شو گوردیگڭز رسمی چیزیکتردم.

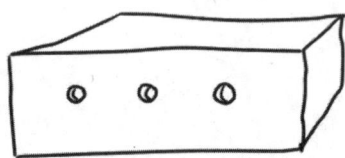

رسمی اوزاترکن،

«آل سڭا بر صندیق! « دیدم باشدن صاومه.

«استدیگڭ قویون بونڭ ایچنده.«

کوچوك یارغیجیمڭ یوزینڭ سوینچدن پارلادیغنی گورنجه چوق شاشیردم.

«ایشته،« دیدی. «تام ایستدیگم گبی اولدی! بو قویون چوق فاضله اوط یر می سنجه؟«

«ندن صوردڭ؟«

«چونکه بنم یاشادغم یرده هر شیئ چوق کوچوك...«

«بنم چیزدگم قویون ده چوق کوچوك. اونڭ ایچون هر زمان براز اوط بولونر.

أگیلیپ رسمه باقدی.

«کوچوك دیدیمسه... باق! اویقویه دالمش.«

ایشته کوچوك پرنس ایله بویله طانیشمش اولدم.

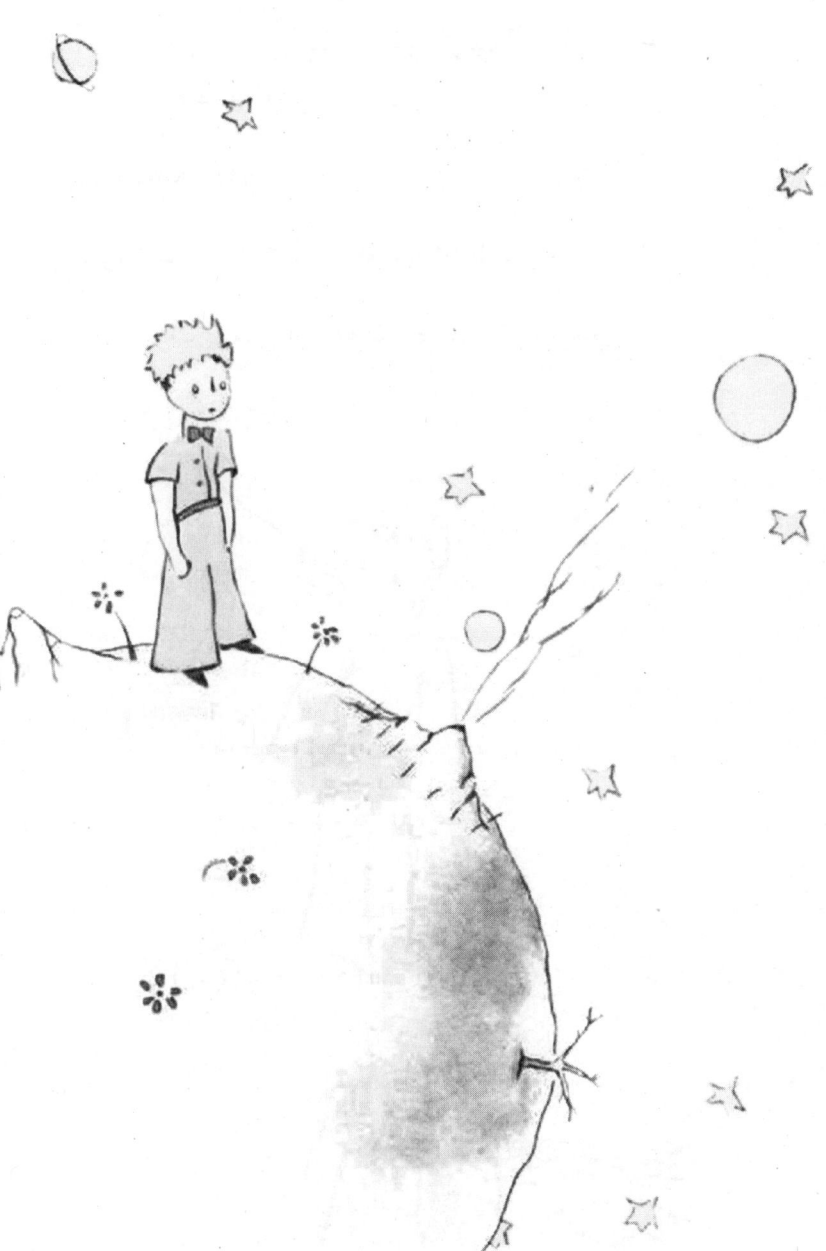

اوچ

کوچوك پرنسڭ نردن گلدیگنی اوگرنمم اوزون زمان آلدی. کندیسی بڅا پك چوق صورو صورویور، آما بنم صورولرمی طویمازلقدن گلیوردی. آنجق بولوك پورچوك، گلیشی گوزل سویلدیگی سوزلری بر آرایه گتیررك اڭلامه‌غه باشلادم هر شیئی. اوچاغمی ایلك کز گوردیگنده (اوچاغمڭ رسمینی چیزممی بکلمه‌یڭ، بنم ایچون براز فضله قرماشق.) شاشقنلقله:

«بو شیئ ده نه‌ین نه‌سی؟« دییه صوردی.

«بو شیئ بر اوچاق،« دیدم. «بنم اوچاغم...«

هواده اوچابیلدگمی اوڭا آچیقلارکن چوق غرورلندم.

فقط او بونی دوینجه:

«نه! « دییه حایقیردی. یوقسه سن گوکدن می دوشدڭ؟«

«أوت،» دیدم آلچاق گوڭوللولكله.

«چوق طحف بر شیئ!» دیدی كوچوك پرنس و طاتلی بر قهقهه آتدی.

بو بنی چوق اوفكه‌لندیرمشدی. آچیقجه‌سی، باشمه گلن فلاكتلرڭ اونمسنمه‌سنی ایسترم. صوڭرا شونلری أكلدی:

«دیمك، سن ده گوكیوزیندن گلدڭ. قنغی گزه‌گندنسڭ؟»

او آڭده، اونڭ بوراده اولمه‌سندكی چوزوله‌مین گیزم یاواش یاواش یوق اولمه‌غه باشلادی. همان صوردم:

«دیمك، سن بر باشقه گزه‌گندن گلیورسڭ،اویله می؟»

ندنسه بڭا جواب ویرمدی. اوچاغمدن گوزلرینی آیرمدن باشینی صاللادی.

«ذاتاً بونوڭله فضله اوزاقدن گلمش اولامزسڭ،» دیدی.

آردیندن درین دوشونجلره دالدی. دها صوڭرا، جیبیندن چیزدگم قویون رسمینی چقاریپ خزینه‌سنی سیر ایتمه‌یه قویلدی.

شو «باشقا گزەگنلر» قونوسیندەکی یارم یامالاق سوزلرڭ بنی نه قدر مراقلاندردیغنی بر دوشونڭ. دولایسیله بو قونوده دها فضله شیئ اوگرنمك ایچون بویوك چابه حرجادم.

«سن نرەدن گلیورسڭ کوچوك دوستم، یاشادیغڭ یر نرەسی؟ قویونی نرەیه گوتورمك ایستیورسڭ؟«

براز دوشوندکدن صوڭرا شونلری سویلدی:

«بڭا بو صندیغی ویرمڭ چوق أیی اولدی. قویونم گیجەلری اونڭ ایچنده اویویابیلر.«

«ألبته... اگر اوصلی اولورساڭ سڭا، اونی گوندوزلری باغلامڭ ایچون بر ایپ، بر ده قازق ویریرم.«

نه وار که بو تکلیفم کوچوك پرنسی شاشیرتمشه بڭزیوردی:

« اونی باغلامق می؟ نه غریب بر فکر بو!« دیدی.

«أیی ده، باغلامزسڭ باشنی آلیپ گیدر و غائب اولر...«

کوچوك دوستم برقهقهه آتدی:

«أیی آما نرەیه گیدەبیلر که؟«

« نرەیه اولرسه... قارشیسنه چقان هر قنغی بر یره...«

کوچوك پرنس همان جدی بر طور طاقینرق،

«ضراری یوق،« دیدی. « بنم یاشادغم یرده هر شیئ اویله کوچوك که...«

آردیندن، صانرم براز حزنلنرك شونلری أکلەدی:

«انسان ایستسه بیله فضله اوزاغه گیدمز...«

دورت

بويلجه چوق اونملی بر شيئ دها اوگرنمش اولدم: ديمك كوچوك پرنسيكٔ گلديگی گزه‌گن، آنجاق بر أو بويوكلگنديدی!

بو بنی فضله شاشرتمامشدی. چونكه دنيا، ژوپيتر، مارس، ونوس گبی آدلری بللی بويوك گزه‌گنلركٔ ديشنده، تلسقوپ ايله بيله زار زور گورولبيلن يوزلرجه كوچوك گزه‌گن دها اولديگنی بيليوردم. بر گوك بيليمجی، بونلردن برنی كشف ايدنجه اوگا بر آد ويرمك يرينه، بر نومرو ويرير. «آستروئيت ٣٢٥» دير اورنه‌گن...

كوچوك پرنسكٔ گلديگی بنجه آستروئيت ب-٦١٢ ايدی. بويله دوشونمه‌مكٔ حقلی بر سببی واردی. بو كوچوك گزه‌گن يالكٔزجه بر كز، ١٩٠٩ ييلنده، بر تورك گوك بيليمجيسی طرفندن تلسقوپ ايله گورولمشدی.

بو گوك بيليمجی، بولوشنی او زمانلر اولوسلرآراسی آسترونومی قونغرەسنده خارقه بر صونوم ایله آچیقلامشدی. فقط فس و شالوار گیینیور دییه کیمسه اونڭ سویلدیکلرنه دگر ویرمەمشدی. بویوكلر بویلەدر ایشته...

نیسه که صوڠرالری آسترویت ب-٦١٢نڭ عتیبارنی قورتارمق ایچون بر تورك اوندری بر یاصه قویدی؛ آرتق خالقی آوروپالیلر گبی گیینه‌جك، یاصه‌یه اویمایانلر اولومله جزالندرلجقدی. عینی گوك بیلیمجی ١٩٢٠ ییلنده، آسترویت ب-٦١٢یی أتکیله‌یجی و شیق گییسیلر گیینمش اولارق طانتدی. بو کز هرکس اونی دقاتله دیڭلدی و گوروشلرنی قبول ایتدی.

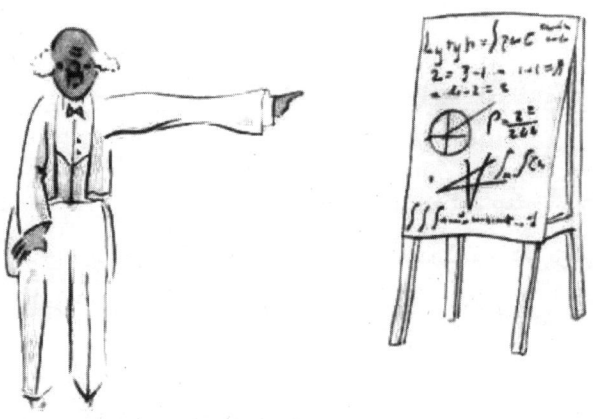

أگر سزه آسترویت ب-٦١٢ قونوسنده آیرینطیلی بیلگی ویربیلیور و اونڭ نومروسنی ده سویلیبیلیورسام بو بویوکلر سایسنده‌در. بویوکلر رقملری چوق سورلر. اونلره یڭی بر دوستگڒدن سوز ایتدیگڒده سزه اونڭ حقینده هیچ بر زمان اونملی صورولر صورمزلر: هیچ بر زمان «سسینڭ طونی نصلدر؟ قنغی اویونلردن خوشلانر؟ کله‌بك قولکسیونی یاپر می؟» دیمزلر. بونوڭ یرینه هپ «قاچ یاشینده؟ قاچ أرکك قارداشی وار؟ قاچ کیلودر؟ قاچ پاره قازانیور؟» گبی

صورولر صورارلر. سادەجه بو صورولرڭ جوابنی آلینجه اونی طانیاجاقلرنی صانرلر.

بویوکلره «پنجرەلرنده صاردونیالر، دامنده گورجینلر اولان، پنبه طوغلادن اورولمش گوزل بر أو گوردم...» دیرسڭز سزڭ نصل بر أودن بحث ایتدیگڭزی قفالرنده جانلاندیرامزلر. فقط اونلره «یوز بیڭ فرانق دگرینده بر أو گوردم.» دیرسڭز او زمان «نه گوزل أومش!» دییه حیقیررلر.

او حالده اونلره «کوچوك پرنسڭ وار اولدیغنڭ قانیتی اونڭ سویملی اولمەسی، گولمەسی و بر قویون ایستمەسیدر. انسان بر قویون ایسترسه بو، اونڭ وار اولدیغنڭ قانیتدر.» دیسەڭز نەیه یارار؟ بویوکلر اوموز سیلکیپ سزی خفیفه آلیرلر. فقط اونلره «کوچوك پرنسڭ گلدیگی گزەگن آسترویت ب-٦١٢در» دیرسەڭز، او زمان سزه اینانرلر و باشقه صورو صورارق سزی راحتسز ایتمزلر.

بویوکلر بویلەدر ایشته. اونلره قیزمامق گرکیر. چوجوقلر بویوکلره قارشی هر زمان اڭلایشلی اولمق زوروندەدر.

اویسه یاشامه‌نڭ نه اولدیغنی اڭلایان بزلر، رقملره فضله اونم ویرمیز. اصلنده بو حکایه‌یه، بر پری مصلنه باشلر گبی باشلامق ایستردم. شویله دیمك ایستردم: «اول زمان ایچنده، کندیسندن براز بویوکجه بر گزه‌گنده یاشایان و بر دوست آرایان بر کوچوك پرنس وارمش...» امینم که بو، حیاتڭ نه اولدیغنی اڭلایانلر ایچون حکایه‌مه دها گرچکچی بر هوا قازاندیرردی.

چونکه کتابمڭ جفیفه آلنمه‌سنی ایسته‌مم. خاطره‌لرمی قلمه آلیرکن چوق اوزولدیگم آڭلر اولدی. دوستم، قویونیله برلیکده گیده‌لی تام آلتی ییل اولدی. بوراده اونی اڭلاتمه‌غه چالیشمه‌مڭ سببی، اونی هر زمان خاطرلامق ایسته‌ییشمدر. انسانڭ بر دوستونی اونوتمه‌سی چوق آجی بر شیئ. هم هرکس دوست أدینه‌مز. أگر اونی اونوترایسم، رقملردن باشقه بر شیئ ایله ایلگیلنمه‌ین بویوکلر گبی اولوپ چیقارم. بو یوزدن کندیمه بر قوتو بویا ایله بر ده قلم آلدم. بنم یاشمده برینڭ یڭیدن رسم یاپمه‌غه باشلامه‌سی و بونی باشارمه‌سی زوردر. هله بنم گبی، آلتی یاشنده ایکن بر بوآ ییلانینڭ ایچدن و دیشدن گورونوشنی چیزمکدن باشقه هیچ بر دنه‌مه‌سی یوقصه... ألیمدن گلدیگنجه اصللرنه بڭزین رسملر یاپمه‌غه چالیشاجغم ألبته. فقط باشاراجغمه کسین گوزویله باقمیورم. یاپدغم رسملرڭ بعضیلری أیی اولیور، بعضیلری ایسه اصلنه هیچ بڭزمیور. کوچوك پرنسی چیزرکن ده بوییني تام اولارق طوتدیرامیورم؛ بعضی رسملرده

کوچوك، بعضیلرنده بویوك اولیور. گیسیسنڭ رنگی قونوسنده بعضاً ترددده دوشیورم. او زمان گوز قراری بر شیئ بویویرم؛ بر أیی، بر کوتو درکن اداره ایتمه‌یه چالیشیورم.

چوق اونملی بعضی آیرینطیلرده خطاء یاپابیلرم، آما بو بنم سوچم دگل. بڭا دوستم هیچ بر شیئی آچیقلامیوردی. بلکه ده بنی کندیسی گبی ظن ایدیوردی. اویسه بن، نه یازیق که، قویونلری صندیقلرڭ ایچندن گوره‌بیلجك گوچده دگلدم. غالبا براز یتیشکینلره بڭزیورم. آرتیق یاشلانیورم نه ده اولسه.

بش

هر گچن گون، کوچوك پرنسڭ گزەگنی، اورادن آیریلیشی و یولجیلغی قونوسنده یڭی بر شیئلر اوگرنیوردم. بو بیلگیلر قونوشمەلریمز اثناسنده عقلندەکیلری دیله گتررسه اورتایه چیقیوردی یاواش یاواش. باوباپ آغاجلرنڭ باشینه گلنلری ده اوچونجی گون، بو شکلده اوگرنمش اولدم.

بونڭ ایچون بر کز دها قویونه تشکر ایتملییم. چونکه کوچوك پرنس، آڭسزین بویوك بر قوشقویه قاپلمش گبی بنی صورغویه چکمەیه باشلادی.

«قویونلر گرچکدن ده چالیلری ییرلر، دگل می؟«

«أوت، اویله.«

«یا، چوق سویندم!«

قویونلرڭ چالیلری ییمەلرینڭ کوچوك پرنس ایچون ندن بو قدر سویندیریجی اولدیغنی اڭلایامادم. آردیندن کوچوك پرنس شویله صوردی:

«اویله ایسه باوباپلری ده ییرلر، دگل می؟«

او زمان اوڴا ، باوباپ آغاجلرینڭ چالیلره بڴزه‌مه‌دیگنی، عکسینه قلعه گبی قوجامان اولدقلرنی، یاننده بر فیل سورو سی گوتورسه بو ڭ سورون تك بر باوباپ اغاجنی بیله یه‌یپ بیتیره‌میجگنی آچیقلادم.

فیل سورو سی دوشنجه‌سی، کوچوك پرنسی گولدیردی.

«فیللری اورایه گوتورسیدم اونلری اوست اوسته قویمام گرکیردی،« دیدی.

صوڭرا عقلليجه بر آچيقلامه ياپدى:

«فقط باﺍوباپلر بويومدن اوڭجه كوچوكدرلر.»

«طوغرى، آما قويونينڭ كوچوك باﺍوباپ آغاجلرنى ييمه‌سنى ندن ايستيورسڭ كه؟» دييه صوردم.

بڭا،

«آه، هادى آما! ديدى ذاتاً آچيقجه بللى اولان بر شيئى بليرتميى گركسز گوررك. بنمسه بو صورونڭ اوستسيندن تك باشيمه گله‌بيلمم ايچون بويوك بر ذهنسل چابه گوسترمم گركيوردى.»

صوڭنده اوگرندیگم قدریله بوتون گزەگنلرده اولدیغی گبی، کوچوك پرنسڭ گزەگننده ده یارارلی و ضررلی اوطلر بولونویوردی. نتیجەده أیی تخملرن أیی اوطلری، کوتو تخملرن ده کوتو اوطلری اولاجاقدی. فقط تخملر گوز ایله گورولمزلر. طوپراغڭ درینلکلرنده اویورلر. ایچلریندن بری اویانمەیی عقل أدر، او زمان گرینر و اوطانرق گونشه طوغری، سویملی بر فیلیز اوزادیر. بو بر تورپ ویا گول فیدانینڭ فیلیزیسه اونی، دیلەدگنجه بویومسی ایچون سربست بیراقمق گرکیر. آنجاق بو ضررلی بر بیتکی ایسه، ممکن اولان ألڭ قیسه زمانده، حتی نه اولدیغی اڭلاشیلر اڭلاشیلمز اونی سوکوپ آتمق لازم.

کوچوك پرنسڭ گزەگننده ده قورقونچ تخملر بولونویورمش؛ باوباپ تخملری. گزەگنڭ طوپراغی بو تخملر ایله دولو ایمش. بر باوباپ، زماننده فرق ایدلمزایسه بر دها اوندن عصلا آما عصلا قورتولوش اولمیورمش. بوتون گزەگنی قاپلرمش. کوکلریله طوپراغی اویار، هله بر ده گزەگن چوق کوچوك ایسه و باوباپلرڭ صاییلری ده فضله ایسه، گزەگنی پارچەلره آییرەبیلیرلرمش.

کوچوك پرنس دها صوڭرا شویله دیدی بڭا:

«بو، دوزنلی اولارق یاپیلمەسی گرکن بر شیئدر. صباحلری، کندی باقیمڭزی یاپدقڭ صوڭرا گزەگنیڭزڭ باقیمنی یاپمەڭز گرکیر. بو ایش بویوك اوزن ایستر.

بااوباپلر و گوللر هنوز فیدان ایکن بربرلرینه چوق بڱزرلر، بو ندن ایله اونلری بیقمدن ایزلەمەلی و گول فیدانلرندن آییرت ادیلەبیلیر حاله گلدکلرنده بوتون بااوباپ آغاجلرنی سوکمەلیسڱز. بو ایش اولدقجه صیقیجی، آما عینی زمانده قولایدر.«

صوڭرا کوچوك پرنس بر گون بڱا شویله دیدی:

«گوزل بر رسم چیزمەلیسڭ، بویلجه یاشادیغڭ یردەکی چوجوقلر توم بونلر حققنده بیلگی أدینەبیلر. گونڭ برنده بر یولجیلغه چقارلرایسه ایشلرنه یارایابیلر. کیمی زمان انسانڭ ایشنی براز صوڭرایه ایرتەلمەسنده بر صاقینجه یوقدر. آنجاق ایشڭ ایچنده بااوباپلر وارایسه هپ فلاکتله صونوچلانر. بن بر گزەگن بیلیورم، اوراده اوتوران آدم چوق تنبلدی. اوچ پارچه چالییی بیله آیقلامەغه اوشنینجه اولانلر اولدی...«

صوڭرا، کوچوك پرنسڭ اڭلاتتقلرندن یوله چیقراق بو گزەگنڭ بر رسمینی چیزدم. انسانلره نصیحت ویرن بری اولمق ایستەمم. فقط بااوباپلرڭ تهلیکەسی هرکس طرفندن بیلینمەدیگی و یولی بر گون بر کوچوك گزەگنه دوشن بر انسان بویوك تهلیکەلرله قارشیلاشابیلجگی ایچون، بر کز اولسون، بو قورالمی بوزاجغم. «چوجوقلر، بااوباپ آغاجلرنه دقت ایدڭ! «، دییەجگم رسممده.

طبقی بنم گبی دوستلرم ده بو قونوده هیچ بر شیئ بیلمیورلردی و تهلیکه‌نڭ فرقنده دگللردی، بو یوزدن اونلری اویارمق ایچون اغراشیپ بو رسمی چیزدم. ویردیگم درس، صیقینتی چکمه‌یه دگردی.

بلکه ده بڭا «بو کتابده باواباپلرڭ رسمی قدر گورکملی و اتکیلیجی باشقه رسم یوق؟» دییه صوراجقسڭز. جوابی چوق قولای. اونلر ایچون ده عینی چابه‌یی گوستردم، آما باشاریلی اولامادم. باواباپلری، ایچمده بویوك بر هیجان حسی دویاراق چیزمش، کندیمی آشمیش ایدم.

آلتی

آه، کوچوك پرنس! بویلجه سنڭ یاشادیغن آجی دولی گونلری یاواش یاواش اڭلیوردم. اوزون بر سوره بویونجه تك أگلنجم، گون باطیمنی سیر ایتمك اولمش. بونی، دوردنجی گونڭ صباحی، بڭا شویله دیدیگنده اوگرنمیش ایدم:

«گون باطیمنی چوق سورم. هادی گیدیپ بر گون باطیمی گورلم.»

«أیی آما بکلمه‌مز گرکیر...»

«نه‌یی بکلیه‌جگز؟

«گونش باتانه قدر بکلمه‌مز گرك.»

بن بونی سویلینجه اوڅجه چوق شاشرمش گورندڭ، صوڭرا کندی کندینه گولدن و بڭا:

«کندیمی حالا أویمده صانیوردم!» دیدیڭ.

گرچکدن ده اویله. آمریکاده اوگله وقتی ایکن فرانساده گونشڭ باتدیغنی هرکس بیلر. گونشڭ باتیشنی گوربیلمك ایچون بر دقیقه‌ده فرانسایه گیتمك یترلی اولردی. آنجاق نه یازیق که فرانسا چوق اوزاقده. اویسه سنڭ، کوچوجوك گزه‌گنڭده ایسکمله‌نی براز اوتیه قایدیرمڭ یترلی. بویلجه جانیڭ ایستدیگی زمان، گونشڭ باتیشنی سیر ایدبیلردڭ...

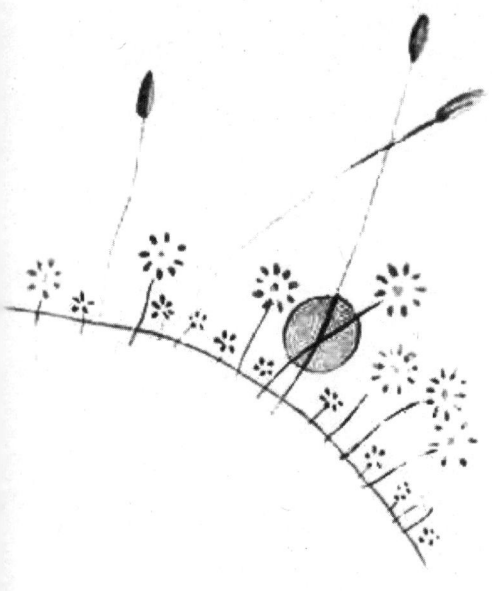

«بر گون،« دیمشدن، «گونشڭ باتیشنی تام قرق اوچ کز گورمش ایدم! «

صوگرا ده شونلری أکلەدڭ:

«بیلیور میسڭ، انسان اوزگون اولدیغی زمان گون باطیمنی چوق سور.«

«گونشڭ باتدیغنی قرق اوچ کز سیر ایتدیگڭ گون چوق اوزگون ایدڭ دیمك کە؟«

کوچوك پرنس بوگا جواب ویرمەدی.

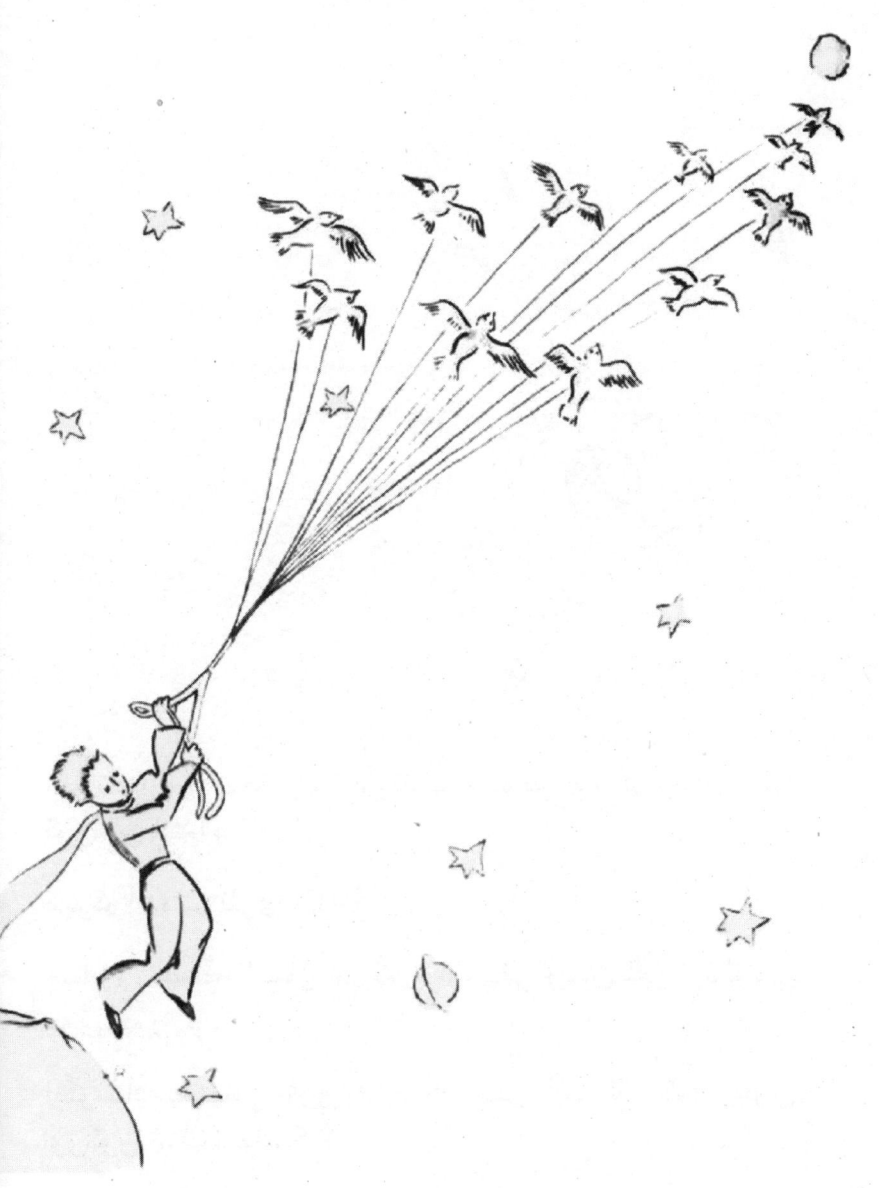

یدی

بشینجی گون، گوچوك پرنسكٔ حیاتنداکی بر سر، یینه قویون سایه‌سنده اورتایه چیقدی.آكٔسزین، صانکه اوزرینده اوزون و سسسز دوشونجه‌لره دالمش ده عقلنه گلمش گبی بر صورو صوردی:

« بر قویون چالیلری ییورسه چیچکلری ده ییر می؟«

« بر قویون، اوكٔونه نه چیقارسه ییر.«

« چیچکلر دیکنلی اولسه بیله می؟«

« أوت. دیکنلی چیچکلری بیله...«

«پکی، دیکنلر نه ایشه یارار اویله‌یسه؟«

بونی بیلمیوردم. او صیراده موتوریمكٔ فضله صیقیلمش بر ویداسنی گوشتمه‌یه چالیشیوردم. چوق أندشه‌لیدم، چونکه اوچاغمكٔ موتورینده‌کی عارضه اولدقجه اونملی

گورونیوردی. آیریجه ایچجك صویومڭ آزالمه‌سی ندنیله باشمه گله‌جكلر بنی دها ده قورقوتیوردی.

« دیكنلر نه ایشه یارار؟»

كوچوك پرنس، صورمش اولدیغی صورونڭ جوابنی مطلقا آلمق ایستیور، بو یوزدن اصرارله صورویوردی. بنم ایسه ویدا ایله اوغراشمق جانمی صیقدیغندن، عقلیمه گلن ایلك شیئی سویلدم.

« دیكنلر هیچ بر ایشه یارامز! اونلر چیچكلرڭ كوتو اولدقلرنڭ بلیرتیسدر!»

«یا!»

براز سوسدقدن صوڭرا، اوفكه ایله قارشیلق ویردی:

« سڭا اینانمیورم! چیچكلر معصومدر. ایچلرنده كوتولق یوقدر. ساده‌جه كندیلرنی أمنیتده حس ایتمك ایسترلر. دیكنلری اولنجه، كندیلرنی چوق گوچلی صانرلر...»

سسمی چقارامادم. او آڭده كندی كندیمه «بو ویدا براز دها دیرنرسه اونی بر چكیچ ضربه‌سیله پارچه‌لرم،» دییه دوشونیوردم. كوچوك پرنس، عقلیمی بر كز دها قاریشدیردی.

«یعنی سن دیمك ایستیورسڭ كه چیچكلر...»

«خایر!» دییه هایقردم. « خایر، خایر!» بر شیئ دیمیورم. لاف اولسن دییه سویلدم. گورمیور میسڭ، شو آڭده دها اونملی شیئلرایله اوغراشیورم!»

بڭا شاشقین شاشقین باقدی و شویله دیدی:

« اونملی ایشلر، ها؟»

«بن، أليمده چکیچ، پارماقلرم یاغدن قاپقرا اولمش و اوڭا اولدقجه چیرکین گورونن بر شیئڭ اوستنه أگیلمش طورورکن او ده بنی سیر ایدیوردی.

«سن ده بویوکلر گبی قونشیورسڭ!» دیدی.

بو سوزلر بنی براز اوطاندردی. فقط او، قونشمه‌سنی آجیمه‌سزجه سوردیردی.

«هر شیئی بربرینه قاریشدیریورسڭ، هر شیئی قارماقاریشق ایدیورسڭ!»

«گرچکدن ده چوق قیزمشدی. صاپصاری صاچلری، روزگارده اوچوشیوردی.

«اوزرینده قیرمیزی یوزلی بر آدمڭ یاشادیغی بر گزه‌گن بیلیورم. بو آدم، حیاتینده بر کز بیله چیچك قوقلامامشدی. تك بر ییلدیزه بیله باقمامشدی. هیچ کیمسه‌یی سومه‌مشدی. طوپلامه چیقارمه ایشلملری دیشنده هیچ بر شیئ یاپمامشدی. گون بویی، سنڭ گبی هیچ طورمدن، «بن جدی بر آدمم! چوق اونملی ایشلرم وار! در طوروردی. بونی سویلرایکن

ده چوق غرورلانردی. آنجاق او بر انسان دگل، برمانطاردی.

«بر نه ایدی؟«

« برمانطاردی!«

کوچوك پرنس بونلری سویلرایکن اوفکه‌دن صاپصاری کسیلمشدی.

«چیچکلرده میلیونلرجه ییلدن بری دیکن وار. میلیونلرجه ییلدن بری ده قویونلر، دیکنلری اولسه بیله، چیچکلری ییرلر. پکی، چیچکلرڭ هیچ بر ایشه یاره‌مایان بو دیکنلری اورتمك ایچون ندن اوغراشدقلرنی اڭلامه‌غه چالیشمق جدی بر ایش دگل میدر؟ قویونلرله چیچکلرڭ صواشی ده می اونملی دگلدر؟ قیرمزی یوزلی شیشقو بگ افندینڭ طوپلامه ایشلملری قدر ده می جدی دگلدر بونلر؟ پکی یا بنم گزه‌گنمدن باشقه بر یرده یتیشمه‌ین أندر بر چیچگه، کوچوك بر قویونڭ نه‌لر یاپابیله‌جگنی تخمین ایده‌بیلیورایسم؟ قویون، بر صباح هیچ آجیمدن چیچگیمی بر لوقمه‌ده یوتوویررسه؟ سنجه بو اونملی دگل می!«

کوچوك پرنس قیپقیرمزی کسیلرك قونشمه‌سنی سوردیردی:

«بر انسان، میلیونلرجه ییلدیزدٛ یالڭز بر دانه‌سنده فیلیزلنن بر چیچگی سومه‌جك اولور ایسه، ییلدیزلره باقمه‌سی اونی موتلی ایتمه‌یه یتر. کندی کندیسنه، چیچگم اورالرده بر یرلرده‌در...» دییه دوشونر. فقط قویون چیچگی یرایسه اونڭ ایچون بوتون ییلدیزلر سونمش گبی اولر. بو ده می اونملی دگلدر؟»

دها فضله بر شیئ سویله‌مه‌دی. آڭسزین حیچقیرارق اغلامه‌غه باشلادی.

گیجه اولمشدی. آلتلرمی ألیمدن بیراقمش ایدم. چکیجم، ویدام، صوسزلق و اولوم بڭا آرتیق ویز گلیوردی. شیمدی بر ییلدیزده، بر گزه‌گنده، یعنی بنم گزه‌گنمده، دنیاده، آوودیلمه‌سی گرکن بر کوچوك پرنس واردی. اونی قوللریمڭ آراسنه آلدم و اوقشه‌دم.

«سودیگن چیچك تهلیکه‌ده دگل... قویونیڭه بر طاسمه چیزرم... چیچگڭ ایچون بر زره چیزرم،» دیدیم. «بر ده...»

«نه سویله‌یه‌جگمی بیله‌میوردم. او آڭده کندیمی چوق چاره‌سز حس ایتدم. اوڭا ناصل یاقلاشاجغمی، ناصل أریشجگمی بیله‌میوردم... گوز یاشلری اولکه‌سی اویله‌سینه گیزملیدر که...

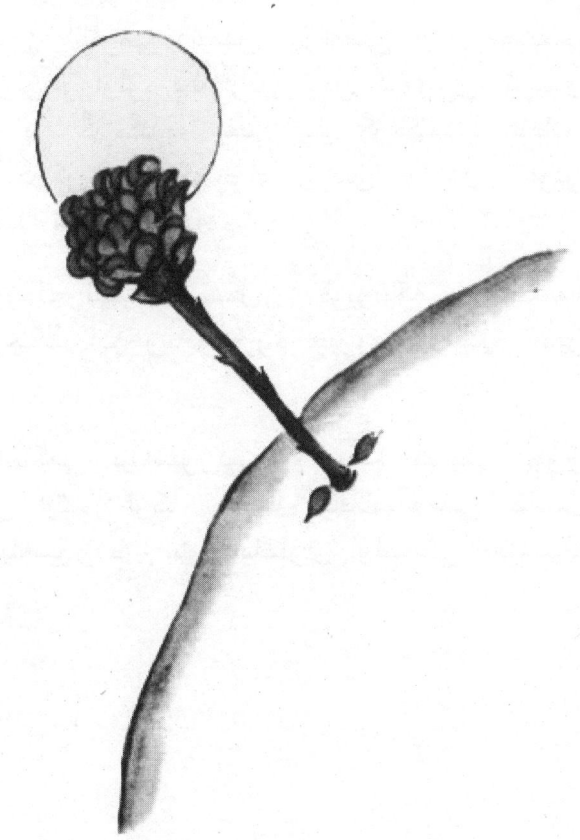

سکز

قیصه سوره ایچنده بوچیچك ایله ایلگیلی دها چوق شیئ اوگرندم. کوچوك پرنسڭ گزەگنندەکی چیچکلر هپ چوق ساده ایدی. سادەجه بر دیزی تاج یاقراق ایله چورەلنمشلردی، هیچ یر قاپلامز و کیمسەیی راحتسز ایتمزلردی. صباحلری اوطلرڭ آراسنده گورونیورلر، اقشام ده صولوپ گیدیورلردی. فقط کوچوك پرنسڭ چیچگی نرەدن گلدیگی بیلینمەین بر تخمدن فیلیزلنمشدی. بو یوزدن کوچوك پرنس، گزەگنندەکی باشقه فیلیزلره هیچ بڭزمەین بو فیلیزی دقت ایله ایزلەمشدی. کیم بیلر، بو بلکه ده یڭی بر تور باوباپدی.

بو کوچوك فیدانڭ بویومەسی بر سوره صوڭرا طوردی و چیچك ویرمەیه باشلادی. قوجامان بر طومورجوغن اولوشمقده اولدیغنی گورن کوچوك پرنس، بوندن اولاغان اوستی بر شیئ چیقاجغنی سزیوردی. آنجاق چیچك، یشیللکلر آراسندەکی صیغناغنده گوزللشمەیه دوام ایدیوردی. آغر آغر گییسیلرنی گییور، تاج یاپراقلرنی تکر تکر

صیراللیوردی. گلینجیکلر گبی بوروش بوروش چیقمق ایسته‌میوردی اورتایه. گوزللگیندن امین اولینجه گورنمك ایستیوردی. گوزللیگنی گوسترمه‌یه پك مراقلیدی نه ده اولسه! بو یوزدن ده بو گیزملی سوسلنیشی گونلرجه سوردیردی.

صوڭرا بر صباح، تام گونش دوغارایکن اورتایه چیقیویردی. بونجه اوزنلی چالیشمه‌نڭ آردیندن أسنه‌یه‌رك:

«آه، آنجاق اویانابیلدم... سزدن اوزور دیلرم... یاپراقلرم هنوز طارمه‌طاغنیق،« دیدی.

کوچوك پرنس او آڭده دویدیغی حیرانلغی گیزله‌یه‌مدی:

«نه قدر گوزلسیڭز!«

چیچك غرورلانرق:

«گرچكدن اویلەیم، دگل می! هم گونش ایله عینی آڭده طوغدم...» دییه قارشیلق ویردی.

كوچوك پرنس، قارشیسندەكینڭ پك ده آلچاقگوگوللی بر چیچك اولمەدیغنی آڭلادی، آما یینه ده اونی چوق هیجان وریجی بولیوردی.

چیچك، همان آردیندن أكلەدی:

«صانیرم قحوه آلتی زمانی گلدی. بنی ده دوشونمه اینجەلیگنی گوستریرسڭز آرتیق...»

چیچگن سویلدیكلرنه چوق شاشیرن كوچوك پرنس ,چیچگی صولامق ایچون صولامه قابنده تازه صو گتیردی.

چیچگك باش ایدیلمه‌سی پك زور اولان کندینی بگنمیشلگی کوچوك پرنسی اوزمه‌یه باشلامشدی. سوز گلیمی بر گون، دورت کوچوك دیکننده سوز ایدرایکن کوچوك پرنسه:

«سیوری پنجه‌لی قاپلانلر، جسارتلری وارایسه قارشیمه گلسنلر!» دیمیشدی.

کوچوك پرنس:

« بنم گزه‌گنمده قاپلانلر اوط ییمزلرکه...»

چیچك سویملیجه:

«بن اوط دگلم،» دییه قارشیلق ویرمشدی.

«باغیشلایڭ بنی...»

«قاپلانلردن قورقمم، آما شدتلی روزگارلردن چوق قورقارم. کندیمی قورومم ایچون بڭا ویره‌بیله‌جگڭز بر پاراوانڭز یوق می؟»

کوچوك پرنس، «روزگاردن قورقمق بر چیچك ایچون بویوك شانسسزلق اولمەلی...» دییه دوشونمشدی.

«بو چیچگی آڭلامق زور...»

کوچوك پرنس بونلری دوشونرکن چیچك:

«آقشاملری، اوزریمه بر فانوس قویارسەڭز،» دمیشدی. «سزڭ بوراسی چوق صغوق... یری أیی دگل. بنم گلدیگم یر...»

صوڭرا آنیدن صوصمشدی. بورایه بر تخم حالنده گلمشدی. اوتکی گزەگنلری طانیمیوردی. بویلەسنه آبدالجه بر یالان سویلدیگی ایچون اوطانمش، کوچوك پرنسی حقسز طورومه سوقمق ایچون ایکی اوچ کز اوکسورمشدی.

«پاراوان نه اولدی؟«

« اونی گیدیپ گتیرجکدم، آما قونوشیوردگز.«

او زمان، کوچوك پرنسی دها ده اوزمك ایچون دها یوکسك سسله اوکسورمشدی.

بویلجه کوچوك پرنس، هر نه قدر أیی نیتلی اولسه ده اوندن قوشقولانمشدی. اونڭ اونمسز سوزلرنی جدیه آلمش و چوق موتسز اولمشدی. بڭا بر گون شویله بر آچیقلامه یاپدی:

«اونی دینلهمهملیدم. چیچکلرڭ سوزلرنه آلدیرمهمق لازم... انسان اونلری سادهجه سیر ایتملی و قوقلامهلی. بنم چیچگم گزهگنیمه گوزل قوقولر صاچیوردی، آما بن بونڭ طادینی چیقارامیوردم. شو پنچه اویکوسی بنی او قدر تدیرگن ایتمشدی که...«

دها صوڭرا شونلری سویلدی:

«بن ذاتاً گرچهگی هیچ قاورایامزدم! اونی، سوزلرنه گوره دگل ده داورانیشلرنه گوره دگرلندیرمم گرکیرمش. میس گبی قوقوسی و ایشیلطیسی بنی صاریوردی. اوندن عصلا قاچمامالیدم... زواللی قورنازلقلرنڭ آردیندهکی سوجنلگی سزمهلیدم. چیچکلرڭ بر دیدیگی دیگرنه اویمیور. آما بن ده اونی ناصل سوهجگمی بیلهمهیجك قدر کوچوکدم.«

طوقز

صانيرم كوچوك پرنس، گزەگنندن آيريلركن گوچ ايتمكده اولان يابان قوشلرندن يارارلندى. گيدجگى گونڭ صباحى گزەگنينى دوزنه سوقدى. آقتيف طورمده اولان يانارطاغلرڭ قورملرينى اوزنله تميزلدى. حالا يانمقده اولان ايكى يانارطاغى واردى. اونلرى، صباح قحوه آلتيسنى حاضرلركن اوجاق اولارق قوللانيوردى. سونمش بر يانارطاغ دها واردى. آما نه اولر نه اولمز دييه سونمش يانارطاغنى ده گوزلجه تميزلدى. أيى تميزلنن يانارطاغلر ياواش ياواش يانارلر؛ پاتلامزلر. يانارطاغ پاتلامەلرى ده باجا طوتشمەلرنه بگزر.

بزلر، دنيادەكى يانارطاغلريمزڭ قوروملرنى تميزليەجك قدر اوزون بويلى دگلز طبعى. بو يوزدن ده بزلره پك چوق ضرر لرى طوقنيور.

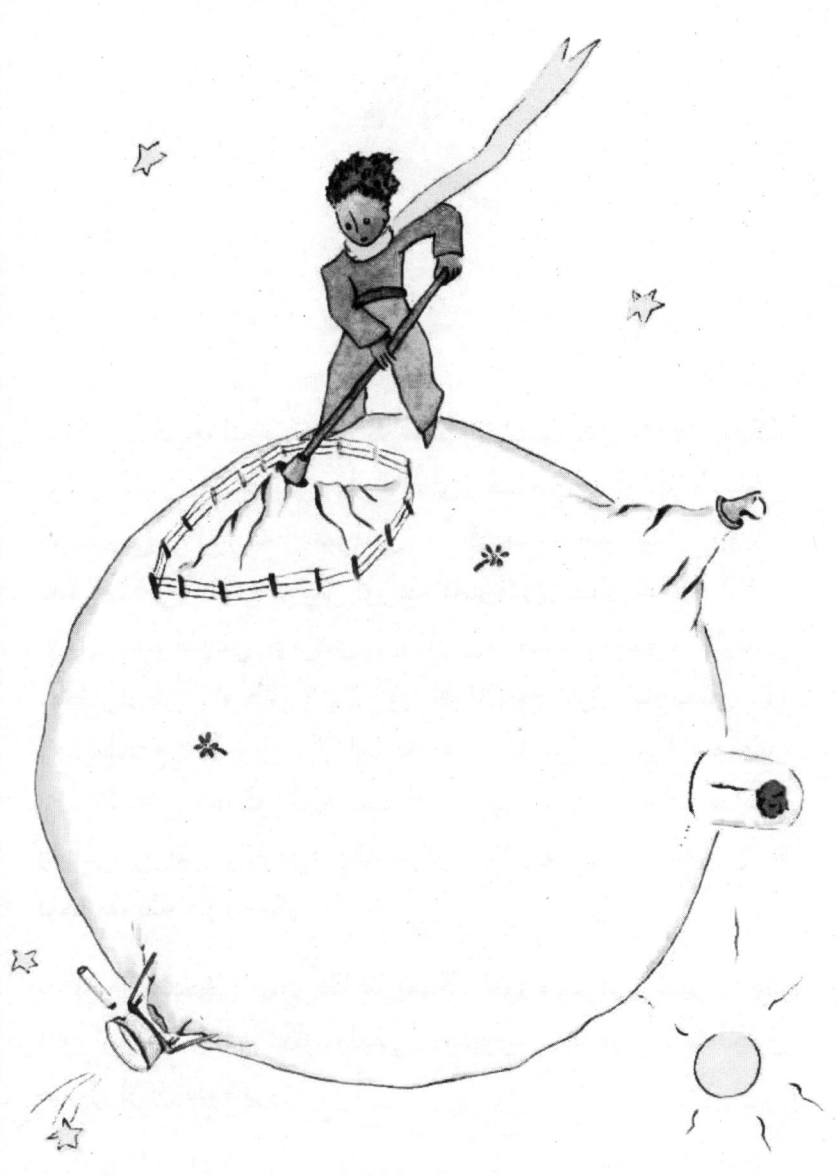

کوچوك پرنس آیریجه، براز اوزولەرك صوڭ بااوباپ فدانلرنی ده سوکدی. گری دونمیەجگنی دوشونیوردی. آما او صباح، هر زمان یاپدیغی ایشلر اوڭا صوڭ درجه قیمتلی گلدی. چیچگنی صوڭ کز صولەییپ ده جام فانوسی اوستونه قویارکن نرەده ایسه آغلایاجقدی. چیچگنه:

«الوداع،« دیدی.

فقط چیچك اوڭا قارشیلق ویرمەدی.

« الوداع،« دییه تکرار ایتدی.

چیچك اوکسوردی آما بو کز خستەلقدن دگل...

صوڭنده:

«بودالەلق ایتدم،« دیدی. «سندن اوزور دیلرم. موتلی اولمەغه چالیش.«

کوچوك پرنس، چیچگن بو سفر کندیسنه ستم ایتمییشنه چوق شاشیرمشدی. اوراده، ألینده فانوس، نه یاپاجاغنی بیلەمز طورومده بکلیوردی. بو کبارلغن سبببینی آڭلایەمیوردی. چیچك صوڭرا:

«سنی ألبته سویورم،« دیدی. «فقط سن، یاپدقلرم یوزندن بونی آڭلایامدن. نه ایسه، بونڭ هیچ اونمی یوق، آما سن ده بنم قدر بودالەلق ایتدن. موتلی اولمەغه چالیش... شو فانوسی بیرق. آرتق اونی ایستمیورم.«

«پکی، یا روزگار؟«

«او قدر ده گوتو اوشوتمه‌دم... گیجه‌نڭ سرینلگی بڭا أیی گلر. بن بر چیچگم.«

«یا حایوانلر؟«

«أگر کله‌بکلری طانیمق ایستیورایسم ایکی اوچ طیرطیله ده قاتلانمق زوروندەیم. غالبا کله‌بکلر چوق گوزل اولورمش. اونلر ده اولماسه بنی گورمه‌یه گیم گلر؟ سن اوزاقلرده اولاجقسڭ. بویوك حیوانلره گلینجه، اونلردن قورقمم بن. چونکه پنچه‌لرم وار.«

معصوم بر شکلده، دورت دانه اولان دیکنلرینی گوستریوردی. صوڭرا شونلری أکله‌دی:

«بویله اویالانیپ طورمه. مادم گیتمه‌یه قارار ویردن، طورمه، گیت!«

چونکه چیچك، کوچوك پرنسڭ کندیسنی آغلرکن گورمه‌سنی ایسته‌میوردی. اویلسینه اونورلی ایدی که...

اون

کوچوك پرنس، ۳۲۵، ٤٢٦، ۳۲۷، ۳۲۸، ۳۲۹ و ۳۳۰ نومرولی کوچوك گزهگنلرك بولندیغی یره گلمیشدی. بو یوزدن، یاپاجق بر ایش بولمق و بیلگیسنی آرتیرمق ایچون اونلری گزمهیه باشلادی.

ایلك اوغرادیغی کوچوك گزهگنده بر قرال اوطوریوردی. قرال، صرتندهکی أرغوان رنگی کورکله ساده، آما گورکملی بر تخته قورلمشدی. کوچوك پرنسی گورنجه:

«حاح، ایشته بر اویروق!« دییه باغردی.

کوچوك پرنس کندی کندینه «بنی شیمدیه دك هیچ گورمهدیگی حالده ناصل طانیدی عجبا؟« دییه دوشندی.

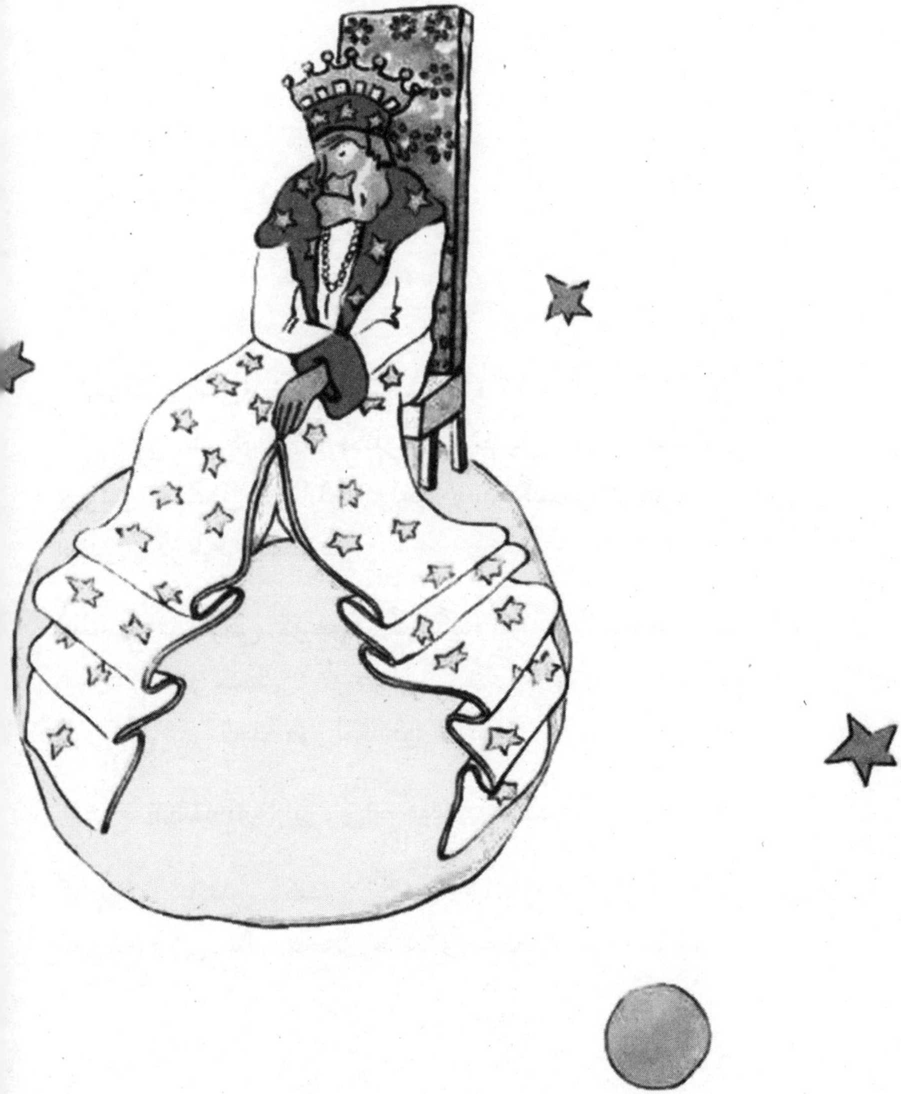

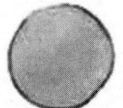

قراللر ایچون هیچ برشیئڭ زور اولمادیغندن خبری یوقدی. بوتون انسانلر اونلر ایچون برر اویروقدی.

قرال، صوڭنده حکم ایدبیلجگی برینی بولونجه:

«یاقلاش ده سنی دها أیی گوریم،» دیدی.

کوچوك پرنس، اوطورجاق بر یر بولمق ایچون چورەسنه باقندی، آما بوتون گزەگن شو گوزل کورکلی مانطو ایله قاپلیدی. بو یوزدن آیاقته قالدی و چوق یورغون اولدیغی ایچون أسنمەیه باشلادی. قرال:

«بر قرالڭ قارشیسنده آسنەمك گورگو قوراللرنه آیقیریدر،» دیدی. « بونی سڭا یاساقلیورم.»

کوچوك پرنس أزیلیپ بوزولرك:

«کندیمی طوتامیورم،» دیدی. «اوزون بر یولجولق یاپدم و هیچ اویومەدم...»

قرال:

«اویله ایسه سڭا أسنەمنی امرایدیورمم!» دیدی.

«ییللردر أسنەین کیمسەیی گورمدم. أسنەینلری هپ مراق ایتمیشمدر. هایدی، بر دها أسنه! بو بر امردر.»

کوچوك پرنس قیپقیرمزی کسیلرك،

«اوطانيورم... آرتق اسنه‌مه‌يجگم،« ديدى.

قرال:

«حم!« دييه قارشيلق ويردى. «اويله‌ايسه سڭا آراده بر اسنه‌منى امرايديوروم. آراده بر...«

قرالڭ نه سويله‌ديگى پك اڭلاشيلميوردى، جانى ده بيراز صيققن گبى ايدى.

چونكه قرال، اوطوريته‌سنه صايغى گوستريلمه‌سنى ايستيوردى. سوزونڭ ديگلنمه‌مه‌سنه تحمل ايدمزدى. او، موطلق بر قرالدى. فقط چوق أيى يوركلى اولديغندن عقله اويگون امرلر ويرردى. «بر جنراله دڭيز قوشى قيليغنه گيرمه‌سنى بويورسم و جنرال ده بو بويروغمه اويمه‌سه بو، جنرالڭ سوچى اولمز؛ بنم سوچوم اولر،« ديوردى.

كوچوك پرنس چكينرك صوردى:

«اوطورابيلر مييم؟«

قرال، كوركلى مانطوسنڭ بر كنارنى غررلى شكلده چكرك،

« سڭا اوطورمه‌نى امرايديورم!« ديدى.

كوچوك پرنس،قرالڭ بو كوچوجوك گزه‌گنده كيمه حكم ايتديگنى مراق ايديوردى. اوڭا شويله ديدى:

«ماژستەلری، محزوری یوق ایسه سزه بر صورو صورابیلیر مییم؟«

قرال همان،

«سڭا، بڭا صورو صورمانی امرایدیورم!« دیدی.

« ماژستەلری، سز بوراده نەیه حکم ایدیورسڭز؟«

«هر شەیئە!«

« هر شەیئه می؟«

قرال، گزەگنینی اوتەکی گزەگنلری و ییلدیزلری گوستردی.

کوچوك پرنس:

«بوتون بونلره می؟« دییه صوردی.

«أوت، بوتون بونلره...«

چونکه او، یالڭزجه موطلق بر حکمدار دگل، عینی زمانده أورنسل بر حکمداردی. کوچوك پرنس بو سفر،

« پکی، ییلدیزلر سزه بویون اگیورلر می؟« دییه صوردی.

«ألبته! بڭا دائما اطاعت ایدرلر. سوزومی دیڭلمەینی عصلا افو ایتمم! «

بویلەسنه بر گوچ، کوچوك پرنسڭ عقلنی باشندن المیشدی. بو گوچ کندینده اولسه ایدی، گونشڭ باتیشنی بر گونده قرق دورت کز دگل ده یتمیش ایکی، بلکه یوز، بلکه ده ایکی یوز کز گوربیلردی. هم ده ایسکملەسنی هیچ قیمیلداتمدن... گریده براقدیغی کوچوك گزەگنینی خاطرلاینجه براز حزنلندی و قرالدن، کندیسنه بر أییلك یاپمەسنی ایستەدی.

«بر گونباطیمی سیر ایتمك ایستردم... بڭا بو ایلیگی یاپار میسڭز لطفاً؟ گونشه، باتمەسنی امرایدرمیسڭز؟«

«بر جنراله، بر کلەبك گبی چیچکدن چیچگه اوچمەسنی، بر اویون یازمەسنی ویا دڭیزقوشی قیلیغنه گیرمەسنی بویورسم و جنرال ده بندن آلمش اولدیغی بویروغی یرینه گتیرەمەسه او می، یوق ایسه بن می حقسز اولرایدم؟«

کوچوك پرنس کسین بر افاده ایله:

«سز حقسز اولردیڭز،« دیدی.

«طوغری. هرکسدن، آنجاق یاپابیلەجگی شیئی ایستەمك گرك. بر انسانڭ، قرال ده اولسه، یاپدرمق ایستەدیگی شیئ عقله و منطقه اویغون اولمەلی. سن، کندی خلقینه گیدیپ دڭیزه اتلامەسنی بویورورایسن سڭا باشقالدیرمزلر می؟.. بنم بویروقلرم ده عقله اویغون اولدیغندن، بڭا بویون اگمەلرنی ایستەمكده حقلییم.«

کوچوك پرنس، قراله دها اوڭجەدن صوردیغی صورویی خاطرلاتدی.

«پکی یا بنم گورمك ایستەدگم گونباطیمینه نه اولاجق؟«

«گونباطیمنی گورجكسڭ. فقط سلطنت تجربەمه دایانارق، شرطلرڭ اویغون اولمەسنی بکلەیجگم.«

«بو نه زمان گرچكلشر؟«

اوڭجه قوجامن بر تقویمه باقان قرال:

«حم! حم! دیدی. حم! آقشام ساعت یدییی قرق گچه اولاجق! گورەجكسڭ، گونش سوزومی ناصل دیڭلەیجك!«

کوچوك پرنس أسنەدی. کندی گزەگنندکی گون باطیمنی قاچردیغنه اوزولیوردی. هم براز ده جانی صیقیلمەغه باشلامشدی. قراله:

«بوراده یاپابیلەجگم بر ایش یوق،» دیدی.

«تکرار یوله قویولمەلیم.»

کندیسنه امرلر ویربیلەجگی برینی بولدیغی ایچون پك موتلی اولان قرال، کوچوك پرنسه:

«گیتمه،» دیدی. «سنی باقان یاپارم.»

«نه باقانی؟...»

«شیئ... عدالت باقانی...»

«فقط بوراده یارغیلانجق کیمسه یوق که!»

«کیم بیلر! قراللیغمی هنوز دولاشمەدم. چوق یاشلییم، یورومك چوق یورویر بنی. سوسلی بر ارابه ایچون یریم ده اولمەدیغندن هر یری دولاشامەدم.»

کوچوك پرنس، گزەگنڭ اوتکی کوشەلرنه بر گوز آتمق ایچون اگیلدی و شویله سویلدی:

«آما بن هر یری گوردم، بوراده باشقه کیمسه یوق...»

« اویله ایسه سن ده کندی کندینی یارغیلرسڭ. اڭ زوری ده بودر. انسانڭ کندیسنی یارغیلامەسی، باشقەسنی یارغیلامەسندن چوق دها زوردر. کندینی یارغیلامەیی باشاریرایسڭ گرچك بر بیلگه اولدیغنی قانیتلەمش اولرسڭ.«

«بن، نرەده اولور ایسه اولسن، کندیمی یارغیلایەبیلیرم. بونڭ ایچون بوراده قالمەمه گرك یوق.«

«حم! گزەگنیمڭ بر یرنده، یاشلی بر فارەنڭ یاشادیغنی دوشوندیرن بعضی سببلرم وار. گیجەلری اونڭ سسنی دویویورم. او یاشلی فارەیی یارغیلایەبیلیرسڭ. کیمی زمان اوڭا اولوم جزاءسی ویرەبیلیرسڭ. بویلجه اونڭ حیاتی سنڭ ویرەجگڭ قراره باغلی اولر. آنجاق گورەونی تصرفلی قوللانمڭ ایچون اونی هردفعسنده باغشلامڭ گرکجك. چونکه گزەگنده بو فارەدن باشقه کیمسه یوق.«

«بن، اولوم جزاءسی ویرمکدن خوشلنمم. هم آرتق بورادن گیتمك ایستیورم.«

«اولماز!«

قرال بویله دیمشدی، آما کوچوك پرنس حاضرلقلرنی چوقدن بیتیرمشدی و یاشلی قرالی اوزمەیی ده ایستەمیوردی.

«ماژستەلری بویروقلرنه حرفی حرفینه اویولمەسنی ایستیورسه بڭا منطقلی بر امر ویرمەلی. سوز گلیمی، بڭا بر دقیقه ایچنده گیتمەمی بویورابیلیرسڭز. صانیرم شرطلر ده بونڭ ایچون ایوغون...»

قرال، سسنی هیچ چیقارمەینجه کوچوك پرنس بر آڭ طوردی. صوڭرا ایچینی چکرك یوله قویولدی. قرال، عجله ایله آرقاسندن سسلندی:

«سنی بویوك ایلچی یاپایم.»

اوتوریتەسنی اورتایه قویویوردی.

یولونه دوام ایدن کوچوك پرنس ایسه، «بویوكلرچوق تحف اولیورلر،» دییه گچیردی ایچندن.

اون بر

ایکنجی گزه‌گنده، کبرلی بر آدم اوتورویردی. کوچوك پرنسی اوزاقدن گورر گورمز باغردی:

«باقن هله، حیرانلرمدن بری بنی گورمه‌یه گلیور!»

چونکه کبرلی انسانلر هرکسڭ کندیلرنه حیران اولدیغنی دوشونرلر.

کوچوك پرنس آدمی گورنجه،

«مرحبا،» دیدی. «چوق تحف برشاپقه‌ڭز وار.»

کبرلی آدم:

«بو شاپقه سلام ویرمیه یارار،» دیدی. «بریلری بنی آلقیشلادیغی زمان، اونلری سلاملامق ایچون قوللانه‌جغم بونی. آما نه یازق که بورادن هیچ کیمسه گچمیور.»

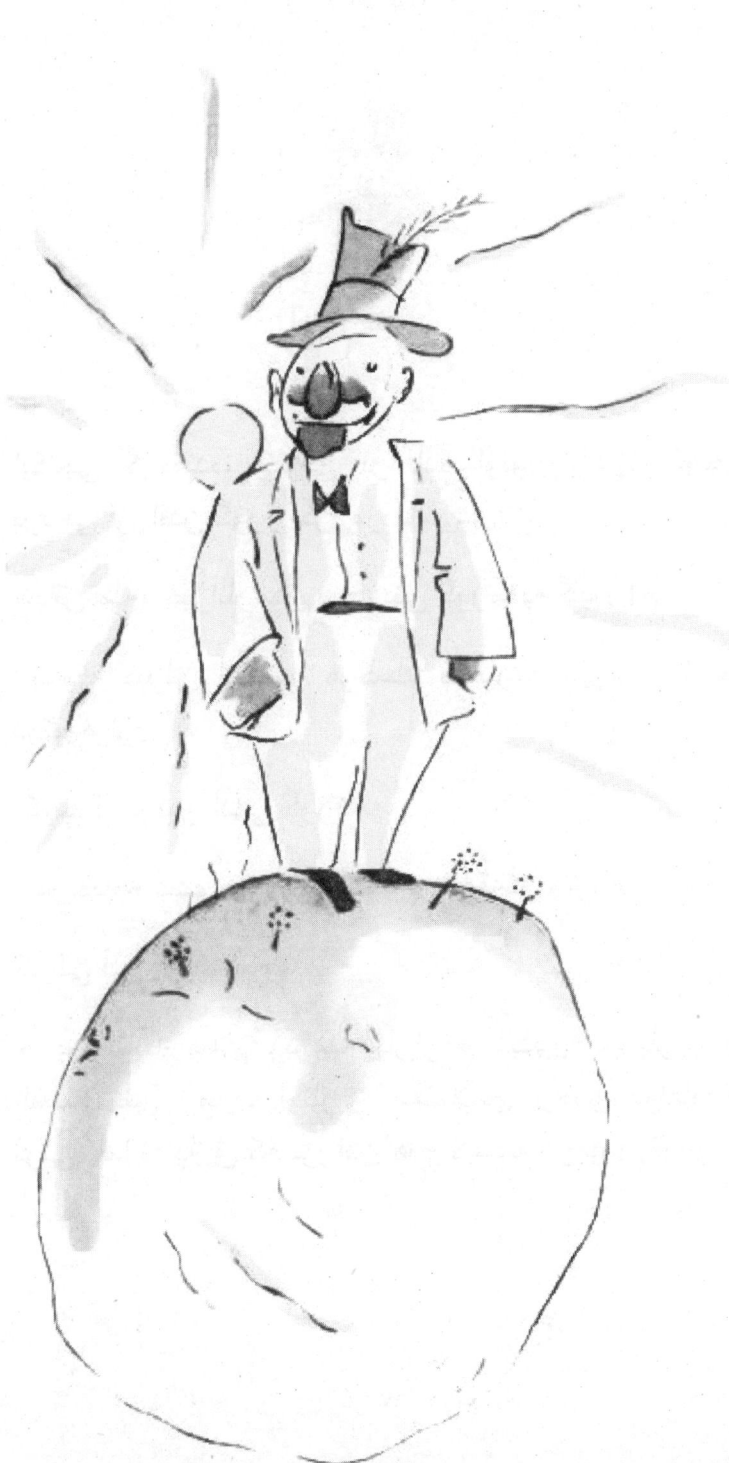

کبرلی آدمڭ ندن بحث ایتدگنی آنلایامەین کوچوك پرنس،

«دیمك اویله،» دیدی.

کبرلی آدم اوڭا،

«أللرڭی چیرپ،» دیدی.

کوچوك پرنس أللرنی بربرینه ووردی. آدم شاپقەسنی چیقارارق اوڭا کبارجه سلام ویردی.

کوچوك پرنس، « بوراده اولمق، قرالڭ یانینده اولمقدن دها اگلنجەلی،» دییه دوشوندی. أللرنی یڭیدن بربرینه وورمەغه باشلادی. آدم ده شاپقەسنی چیقارارق کوچوك پرنسه یڭیدن سلام ویردی.

کوچوك پرنس، اویون بش دقیقەلق بر آلقیشلامه و سلاملامدن صوڭرا مونوطونلاشنجه صیقیلمەغه باشلادی. آدمه،

«پکی، شاپقەنن دوشمەسی ایچون نه یاپمق گرکیر؟» دییه صوردی.

آنجاق آدم بونی ایشیتمەدی. کبرلی انسانلر پوح پوحلامەلردن باشقه بر شیئ دویمزلر.

« بڭا گرچکدن حیران میسڭ؟» دییه صوردی کوچوك پرنسه.

« حیران اولمق نه دیمك ؟»

« حیران اولمق؛ بنم بو گزەگنڭ اڭ یاقیشقلی، اڭ أیی گیینن، اڭ زنگین و اڭ عقللی کیشسی اولدیغمی قبول ایتمڭ دیمکدر.»

« فقط سن گزەگنڭدە تك باشینەسكڭ!»

« بڭا بو أییلیگی یاپ. بڭا ینه ده حیران اول!»

کوچوك پرنس اوموز سیلکرك،

«سڭا حیرانم،» دیدی. «أیی ده، بو سنڭ ایچون ندن بو قدر اونملی؟»

صوڭرا اورادن اوزاقلاشدی.

یولجولیغی بویونجه کندی کندینه، «شو بویوکلر گرچکدن ده چوق تحف اولویورلر،» دیدی.

اون ایكی

صوڭراكی گزەگندە بر عیاش اوتورویوردی. بو زیارت پك قیصە سورمش، آما كوچوك پرنسی بویوك بر كدره سوركلەمشدی.

عیاش آدمی بر سورو طولی و بوش شیشەنڭ قارشیسندە سسسزجە اوتورورکن بولدی و اوڭا شونی صوردی:

«بوراده نە یاپیورسڭ؟»

سرخوش، اوزوجی بر شكلدە،

«ایچیورم،» دییە قارشیلق ویردی.

«ندن ایچیورسڭ؟»

«اونوتمق ایچون...»

كوچوك پرنس اوڭا آجیارق،

«نەیی اونوتمق ایچون؟» دییە صوردی.

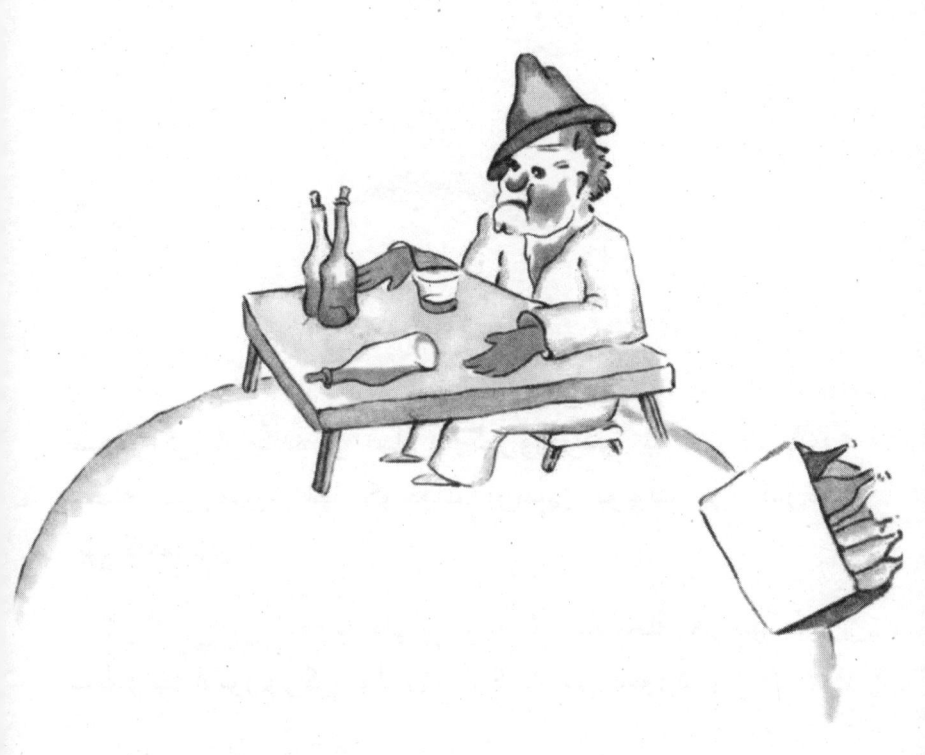

سرخوش، باشنی اڭونه أگرك،

«اوتاندیغمی اونوتمق ایچون،» دییه اعتراف ایتدی.

کوچوك پرنس، اوڭا یاردیم ایتمك ایستەدی.

«ندن اوتانیورسڭ؟» دییه صوردی.

«ایچکی ایچدگم ایچون!»

عیاش آدم قونوشمەیی صوڭلاندیردی و درین بر سسسزلگه گومولدی.

کوچوك پرنس ده شاشقینه دونمش بر حالده اورادن آیریلدی. یولده گیدرکن کندی کندینه، «بویوکلر ده پك تحف اولیورلر گرچکدن،» دیوردی.

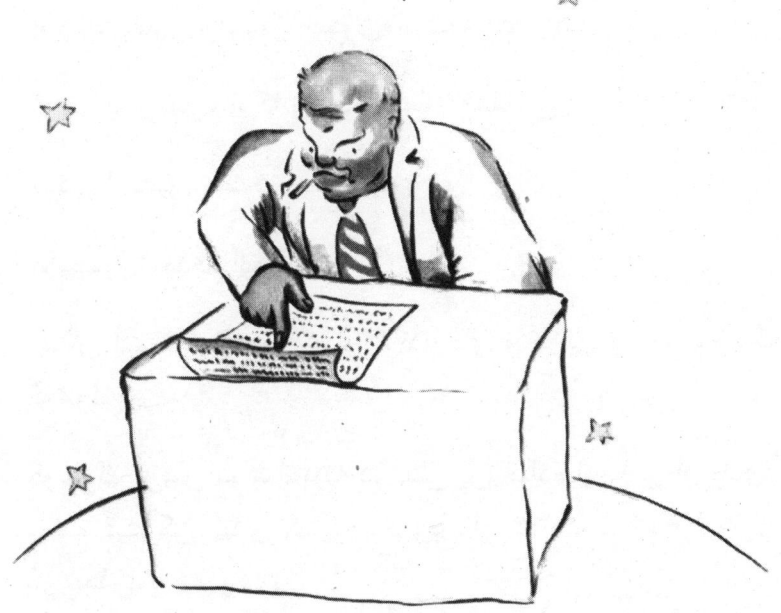

اون اوچ

دوردنجی گزه‌گن بر ایش آدمینه عائد ایدی. بو آدم، ایشنه اویله‌سنه دالمشدی که کوچوك پرنس گلدگنده باشنی بیله قالدیرمه‌دی. کوچوك پرنس:

«گون آیدن!» دیدی. «سیغاره‌گز سونمش.»

«ایکی، اوچ دها بش؛ بش، یدی دها اون ایکی؛ اون ایکی، اوچ دها اون بش... گون آیدن! اون بش، یدی دها یگرمی ایکی، یگرمی ایکی، آلتی دها یگرمی سکیز... سیغاره‌می تکرار یاقمه‌غه زمانم یوق. یگرمی آلتی، بش دها اوتوز بر... وای جانینه! دیمك، بش یوز بر میلیون آلتی یوز یگرمی ایکی بیڭ یدی یوز اوتوز بر ایدیور.»

«بش یوز میلیون نه؟»

«نه؟ سن حالا بوراده میسڭ؟ بش یوز میلیون... ایشمی بولمه. اویله چوق ایشم وار که! بن جدی برییم، بویله صاچمه سوزلرله زمان خرجایامم! ایکی، بش دها یدی ایدر...»

صورمش اولدیغی بر صورونڭ جوابنی مطلقا آلمه‌غه چالیشن کوچوك پرنس تکرار ایتدی:

«بش یوز بر میلیون نه؟

ایش آدمی باشنی قالدردی.

«شو گزه‌گنده اوتوردیغم أللی دورت ییلدن بری، یالگزجه اوچ کز راحتسز ایدلدم. ایلکی؛ یگرمی ایکی ییل اوگجه‌ایدی. نره‌دن گلدیگنی بیلمه‌دیگم بر سرسم، قورقونچ بر شکلده گورولتی یاپیوردی. بو یوزدن ده بر طوپلامه ایشلمنده تام دورت یاگلش یاپدم. ایکنجیسی؛ اون بر ییل اوگجه، روماتیزمه آغریلرمڭ چوق شیدتلی بر شکلده آرتدیغی زماندی. سپور یاپاجق، گزیپ دولاشاجق زمانم یوق. بن جدی بر آدمم. اوچونجسی ایسه شیمدی اولیور! نه دیوردم، بش یوز بر میلیون...«

«میلیونلرجه نه؟«

ایش آدمی، چوجوغن کندیسنی رحات بیراقمایاجاغنی آکلاینجه اوگا جواب ویردی:

«کیمی زمان گوکیوزنده گورلن شو میلیونلرجه کوچوك شیئ...«

سینه‌کلر می؟«

«یوق جانم، شو پارلایان کوچوك شیئلر.«

«آریلر می؟«

« یوق جانم، هانی ایشی گوجی اولمایانلرڭ باقیپ دوش قوردیقلری شو پارلاق کوچوك شیئلر. فقط بن جدی بریيم! دوش قوراجق زمانم یوق.«

«حا، ییلدیزلر می؟

«أوت، ییلدیزلر.«

«پکی، بو بش یوز میلیون ییلدیزی نه یاپیورسكڭ؟«

«بش یوز بر میلیون، آلتی یوز یگرمی ایکی بیكڭ، یدی یوز اوتز بر... بو ایش چوق جدی بر ایش، هر شیئی تام اولارق سویله‌مه‌لییز.«

«پکی، بو ییلدیزلری نه یاپیورسكڭ؟«

نه می یاپیورم؟ هیچ بر شیئ... اونلر بنم، بو یوزدن اونلری صاییورم.«

«ییلدیزلر سنڭ می؟

«أوت.«

«فقط بن بر قرال طانییورم، او...«

«قراللرڭ هیچ بر شیئلری یوقدر. اونلر یالڭزجه حکم ایدر. بو چوق فرقلی بر شیئدر.«

«ییلدیزلره صاحب اولمق نه ایشڭه یاریور؟«

«زنگين اولمەمى صاغليور.»

«زنگين اولمق نه‌يه ياريور؟»

«اگر كشف ايدلمش يڭى ييلديزلر اولور ايسه اونلرى ده صاتين آلمەمى صاغليور.

كوچوك پرنس كندى كندينه، «بونڭ عقلى ده بنم سرخوشيمڭ عقلى گبى ايشليور،» ديدى. فقط يينه ده اوڭا باشقه صورولر صوردى.

«انسان، ييلديزلره ناصل صاحب اولابيلر»

«ييلديزلر كيمڭ؟»

«بيلمم، هيچ كيمسه‌نڭ دگلدر هر حالده.»

«اويله ايسه بنمدر اونلر، چونكه بونى ايلك دوشونن بندم.»

«بو، اونلرڭ سنڭ اولمەسى ايچون يترلى بر سبب مى؟»

«كسينلكله! هيچ كيمسه‌نڭ اولمايان بر ألماس بولورسڭ او سنڭ اولر. هيچ كيمسه‌نڭ اولمايان بر آطه بولورسڭ سنڭ اولر. بر شيئى ايلك كز دوشونرسڭ پاتنتينى آليرسڭ، او سنڭ فيكرڭ اولر. بندن باشقه كيمسه اونلره صاحب اولمەيى دوشونمەديگنه گوره ييلديزلر ده بنمدر.»

كوچوك پرنس:

٧٨

«أوت، طوغری،» دیدی. «یكی بونلری نه یاپیورسڭ؟»

«یونه‌تیورم،» دییه یانیتلادی ایش آدمی. «اونلری صاییور، صوڭرا یڭیدن صاییورم. بو ایش چوق زور، آما بن ده دوغاسی گرگی اونملی ایشلرله اوغراشن بر آدمم.»

كوچوك پرنس، بو جوابلرله یتینمه‌دی.

«بنم بر ایپك آتقیم اولسه اونی بویونمه صاریپ دولاشابیلرم،» دیدی. «بنم بر چیچگم اولسه چیچگمی قوپاریپ یانیمده گوتوره‌بیلرم، آما سن ییلدیزلری گوكدن قوپارامازسڭ...»

«قوپارامم، آما اونلری بانقه‌یه قویابیلرم.»

«بو نه دیمك؟»

«یعنی، بر كوچوك كاغدڭ اوستینه، ییلدیزلریمڭ صایسنی یازابیلرم. صوڭرا ده بو كاغدی بر چكمجه‌یه كیلیتلرم.»

«هپسی بو قدر می؟»

«بو قدر!»

كوچوك پرنس «بو چوق أگلنجه‌لی،» دییه دوشوندی. «اولدقجه شاعرانه، آما پك جدی بر ایش دگل.

کوچوك پرنسڭ جدی ایشلر قونوسندەکی دوشونجەلری، بویوکلرڭکندن فرقلیدی. یڭیدن قونوشمەغە باشلادی:

«بنم، بر چیچگم وار. اونی هر گون صولارم. اوچ یانارطاغم وار، هر هافتە قوروملرنی تمیزلرم. سونمش یانارطاغمی بیلە تمیزلرم؛ نە اولر نە اولمز دییە. بویلجە چیچگمە و یانارطاغلرمە یارارلی اولیورم، آما سن ییلدیزلرڭە یارارلی اولمیورسڭ.»

ایش آدمی آغزینی آچدی، آما سویلیەجك سوز بولامەدی. کوچوك پرنس دە اورادن آیریلدی.

یولجیلق بویونجە، کندی کندینە شونلری سویلدی: «شو بویوکلر گرچکدن دە اولاغن اوستی!»

اون دورت

بشينجى گزەگن چوق تحفدى. بو گزەگن هپسينڭ اڭ كوچوگى ايدى. سادەجە بر صوقاق فنرى ايله بو فنرى ياقان آدمى آلاجق بويوكلكدەيدى. كوچوك پرنس، گوكيوزينده بر يردە، أوسز و انسانسز بر گزەگندە، بر صوقاق فنريله بر فنر ياقيجسنڭ نه ايشه ياراديغنى آڭلاياميوردى بر دورلو. يينه ده شوليه دوشوندى: «بلكه ده بو آدم آبسورت برى، آما يينه ده قرالدن، كبرلى آدمدن، عياشدن و ايش آدمندن دها آبسورت دگل. أڭ آزيندن ياپديغى ايش آڭلاملى... فنرينى ياقديغى زمان، صانكه بر ييلديز ويا چيچك چيقييور اورتايه. فنرينى سوندورنجه ده چيچك ويا ييلديز اويومش اوليور. بو، پك گوزل بر اوغراش. گوزل اولديغى ايچون ده يارارلى...

گزەگنه ياناشيڭجه فنر ياقيجيسنى صايغى ايله سلاملادى.

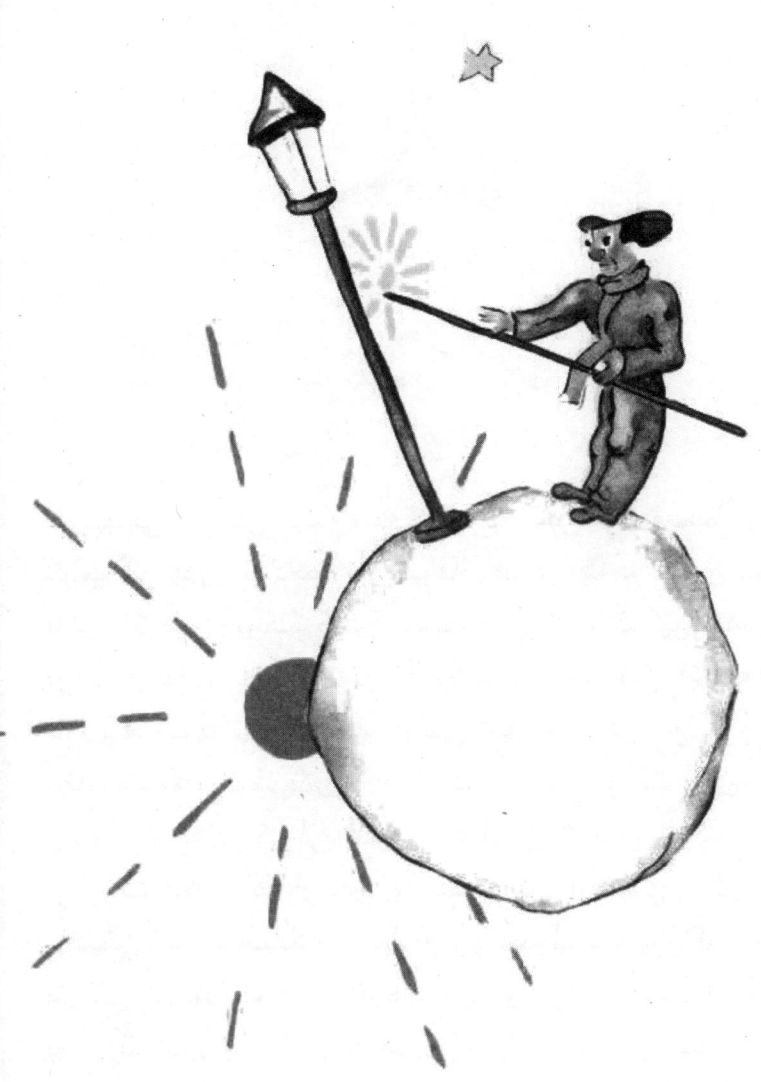

«گون آیدن! فنریڭی ندن سوندوردڭ؟»

«گون آیدن! بویله امر ایدلدی...»

«نه امر ایدلدی؟»

«فنریمی سوندورمم... أیی آقشاملر!»

بویله سویله‌دکدن صوڭرا فنری یڭیدن یاقدی. کوچوك پرنس:

«فنری ندن یاقدڭ؟» دییه صوردی.

فنر یاقیجیسی:

«بویله امر ایدلدی،» دییه قارشیلق ویردی.

کوچوك پرنس:

«آڭلامیورم،» دیدی.

«آڭلاشیلامایاجق بر شیئ یوق. بویله امر ایدلدی.

گون آیدن!»

صوڭرا فنرینی سوندوردی.

آردیندن، قیرمزی قاره‌لی بر مندیلله ترنی سیلدی.

«بوراده برباد بر ایشله اوغراشیورم. أسکیدن عقل آلیر بر ایشدی. فنری صباحله‌ین یاقیور، آقشاملری سوندورویوردم. گونڭ گری قالان زماننده دیڭله‌نیور، گیجه‌لری ده اویویوردم...»

«پكى، او زماندن صوڭرا امر مى دگيشدى؟»

«امر دگيشمەدى. ايشك كوتوسى ده بو يا! گزەگن شيمدى چوق دها خيزلى دونمەيه باشلادى، آما امر دگيشمەدى!»

«يعنى؟»

«شيمدى كندى اطرافيندەكى دونوشنى بر دقيقەده تماملاديغى ايچون ديگلەنجك زمانم اولميور. فنرى دقيقەده بر ياقيور و سوندوروپورم!»

«چوق تحف بر شيئ! بوراده گونلر بر دقيقه سورويور ديمك!»

« هيچ ده تحف دگل. بز قونوشمەغه باشلاپالى بر آى اولدى بيله.»

«بر آى مى؟»

«أوت، اوتوز دقيقه... اوتوز گون ايدر. أيى آقشاملر!»

صوڭرا فنرينى يڭيدن ياقدى.

كوچوك پرنس اوڭا باقدى و امرلره بويلەسنه باغلى اولان بو فنر ياقيجيسندن خوشلانديغنى حس ايتدى.عقلينه، ايسكملەسنى چكرك گون باطيمنى سير ايتمەيه گيتديگى گونلر گلدى. دوستونه ياردیم ايتمك ايستەدى.

«بیلیور میسڭ، جانڭ ایستەدیگی زمان دیڭلنمڭ ایچون بر چاره بیلیورم.«

«بن دائما دیڭلنمك ایستەرم.«

انسان هم تبنل هم ده ایشنه باغلی اولابیلیور طبعی.

کوچوك پرنس قونوشمەسنی سوردوردی:

«گزەگنڭ اویله گوچوك كه، اوچ آدیمده چورەسنی دولاشابیلیورسڭ. هرزمان گوندوز اولمەسنی ایستیورسڭ براز یاواش یورومڭ یتر. دیڭلنمك ایستەینجه یورورسڭ... گوندوز ده ایستەدگڭ قدر اوزار بویلجه.«

«بڭا بو فضله یارار صاغلامز. حیاتده اڭ سودیگم شیئ اویومقدر.«

«او زمان هیچ شانسڭ یوق.«

«هیچ شانسم یوق. گون آیدن!«

فنر یاقیجیسی بویله دیدی و صوڭرا ده فنرینی سوندوردی.

کوچوك پرنس یولونه دوام ایدرکن کندی کندینه، «بو آدمی قرال ده، کبرلی ده، عیاش ده، ایش آدمی ده کوچومسردی،« دیدی. «یینه ده بڭا قومیك گلمەین تك کیشی او. بلکه ده کندیندن باشقه بر شیئ ایله اوغراشدیغی ایچوندر.« اوزولرك اچینی چکدکدن صوڭرا، «بو آدم،

کندیسیله دوست اولابیله‌جگم تك کیشیدی،« دییه دوشوندی. «فقط گزه‌گنی گرچکدن ده چوق اوفاق، ایکی کیشیه یر یوق...«

کوچوك پرنسڭ کندینه اعتراف ایدمه‌دیگی شییٔ؛ آصلنده بو گزه‌گنده یگرمی دورت ساعتده بیڭ دورت یوز قرق دانه اولان گون باطیمنی گورمه‌یه‌جه‌گنه اوزولویور اولمه‌سی ایدی!

اون بش

آلتینجی گزه‌گن، بر اوڭجه‌کندن اون قات دها گنیش بر گزه‌گندی. بوراده قوجامان کتابلر یازان یاشلی بر آدم اوتورویوردی. کوچوك پرنسی گورنجه،

«وای جانینه! بو بر آراشترمه‌جی!« دییه باغردی.

کوچوك پرنس، ماصه‌نڭ اوستنه اوتوریپ براز صولوکلاندی. اویله اوزون بر یولجولق یاپمشدی که... یاشلی آدم اوڭا،

«نره‌دم گلیورسڭ؟« دییه صوردی.

کوچوك پرنس:

«بو قوجامان کتاب ده نه؟« دیدی. «بوراده نه یاپیورسڭز؟«

«بن جغرافیاجیم.«

« جغرافیاجی نه دیمك؟»

« جغرافیاجی، دڭیزلرڭ، ایرماقلرڭ، طاغلرڭ، چوللرڭ و شهرلرڭ نرهده اولدقلرنی بیلن بیلگیندر.»

«چوق ایلگنچ. صوڭنده گرچك بر مسلگی اولان بر انسان ایله قارشیلاشدم!»

صوڭرا، جغرافیاجینڭ کزهگننه بر گوز آتدی. هیچ بویلهسنه گورکملی بر گزهگن گورمهمشدی.

«گزهگنڭز چوق گوزل. بوراده اوقیانوسلر ده وار می؟»

«بونی بیلهمم.»

جغرافیاجی بویله سویلهینجه کوچوك پرنس دوش قیرقلغنه اوغرامشدی.

«اویله می! پکی یا طاغلر؟»

«بونی بیلهمم.»

« پکی یا شهرلر، ایرماقلر، چوللر؟...»

«بونی ده بیلهمم.»

«پکی، آما سز جغرافیاجی دگل مینڭز؟»

«بو طوغری، آما بن آراشتیرمهجی دگلم. بوراده ده هیچ آراشتیرمهجی یوق. کنتلری، ایرماقلری، طاغلری،

دڭیزلری، اوقیانوسلری و چوللری صایان جغرافیاجی دگلدر. جغرافیاجی گزیپ دولاشمه‌غه وقت بولامایاجق قدر اونملی ایشلری اولان بریدر. چالیشمه اوطاسدن آیریلمز، آما اوراده آراشترمه‌جیلری قبول ایدر. اونلره صورولر صورار، آڭیلرنی نوط ایدر. ایچلرندن برینڭ آڭیلری اوڭا ایلگنچ گلنجه جغرافیاجی، او آراشترمه‌جینڭ درستلگی قونوسنده بر آراشترمه یاپار.»

«بو نییه؟»

« چونکه یالان سویلین بر آراشترمه‌جی، جغرافیا کتابلرنده بویوك فلاکتلره یول آچار. بر ده چوق ایچن بر آراشترمه‌جی...»

«پکی بو نییه؟»

« چونکه سرخوشلر هر شیئی چیفت گورورلر. او زمان ده بر تك طاغ یرینه، ایکی طاغ گوردوکلرنی سویلرلر.»

«بن بویله برینی طانیورم، اوندن کوتو بر آراشترمه‌جی اولردی دیمك که.»

«اولابیلر. اگر آراشترمه‌جنڭ اخلاقی أیی ایسه بولوشی اوزرینده بر صورشترمه یاپیلر.»

«اورایی گورمه‌یه می گیدیلر؟»

«خایر. بو چوق قرماشقدر، آما آراشترمه‌جیدن قانیت گتیرمه‌سی ایسته‌نر. سوز گلیمی، بویوك بر طاغڭ کشفی سوز قونوسی ایسه بو طاغدن قوجامان طاشلر گتیرمه‌سی ایسته‌نر.»

جغرافیاجی آڭسزن جوشقویه قاپیلدی.

«سن ده اوزاقدن گلیورسڭ! بر آراشترمه‌جیسڭ. بڭا گزه‌گنڭی آڭلات!»

جغرافیاجی قلمنڭ اوجونی یونتیپ دفترنی آچدی. چونکه آراشترمه‌جیلرڭ آڭلاتدکلری اونجه قورشون قلمله یازیلر. مرکب ایله یازمق ایچون آراشترمه‌جینڭ قانیت گترمه‌سی بکله‌نر. جغرافیاجی کوچوك پرنسه،

«آکلات باقالم،« دیدی.

«آه، بنم گلدیگم یر فضله ایلگنچ دگل. اوچ دانه یانارطاغم وار. ایکی دانه‌سی أتکین، بری سونمش طورومده، آما نه اولاجاغی هیچ بیلنمز.«

«أوت، هیچ بیلینمز.«

«بر ده چیچگم وار.«

«چیچکلری نوط ایتمیورز.«

«آما ندن؟ او چوق گوزل!«

«چونکه چیچکلر گچیجیدرلر.«

«گچیجی نه دیمك؟«

« جغرافیا کتابلری، کتابلرڭ أڭ دگرلیلریدر. ایچینده‌کی بیلگیلر هیچ أسکیمز. بر طاغڭ یر دگیشتردیگی پك گورولمه‌مشدر. بر اوقیانوسڭ صولرینڭ بوشالدیغی ده چوق أندر گورولر. بز، صوڭسزه دك قالان شیئلر یازارز.«

کوچوك پرنس، آدمڭ سوزونی کسدی.

«أیی ده سونمش یانارطاغلر یڭیدن اویانابیلر.

-گچیجی- نه دیمك؟«

«یانارطاغلر، ایستر أتکین، ایستر سونمش اولسن، بزیم ایچون عینیدرلر. بزیم ایچون اونملی اولان طاغدر. دگیشمز اولان ده او.»

کوچوك پرنس صوروسنی تکرارلدی.

«أیی آما، -گچیجی- نه دیمك؟»

«بو، -یاقینده یوق اولمه تهلیکه‌سی ایله قارشی قارشیه اولان- دیمکدر.»

«بنم چیچگم یاقینده یوق می اولاجق؟»

«ألبته!»

کوچوك پرنس «دیمك چیچگم گچیجی ایمش،» دییه دوشوندی. «اوسته‌لك کندینی صاونمه‌سی ایچون یالڭزجه دورت دیکنی وار! بن ایسه اونی گزه‌گنمده یاپایالڭز بیراقدم!»

«صوڭرا همان کندینی طوپارلایارق، «نره‌یه گیتمه‌می اونریرسڭز؟» دییه صوردی. «دنیا گزه‌گنینه. اونڭ چوق أیی بر اونی وار...»

کوچوك پرنس، چیچگنی دوشونرك یوله قویولدی.

اون آلتی

یدینجی گزەگن دنیا اولدی بویلجە.

دنیا، صیرادن بر گزەگن دگلدر! اوراده (زنجی قراللری صایمەیی اونتمزسق) یوز اون بر قرال، یدی بیڭ جغرفیاجی، طقوز یوز بیڭ ایش آدمی، یدی بوچوق میلیون عیاش، اوچ یوز اون بر میلیون کبرلی؛ یعنی طوپلام اولارق ایکی میلیاره یاقین یتیشکن واردر.

دنیانڭ بویوتلری قونوسنده سزە بر فکر ویرمك ایچون شونلری سویلەیەبیلرم:ألکتریگن بولونمەسندن اوڭجە، آلتی قطعنڭ تمامی اوزرینده دورت یوز آلتمیش ایکی بیڭ بش یوز اون بر فنر یاقیجیسندن اولوشان گرچك بر اردو گورەو باشینده ایدی.

بویله بر شیئ، براز اوزاقدن باقیلنجه چوق خوش بر گورونتو اولوشمەسنه سبب اولیوردی. بونلر، بالەرنلر گبی دوزنلی بر شکلده حرکت ایدیورلردی. اوڭجه یگی زلانده و آووسترالیا فنرجیلری فنرلرینی یاقار، صوڭرا اویومەغه

گیدرلردی. آردیندن صیرا ایله چین و سیبریا فنرجیلری
دانس ایدرك صاحنه‌یه گیررلردی. صوڭرا، اونلر ده
گورهولرینی یاپیپ غائب اولولردی. اوندن صوڭرا صیرا
روس و حیندلی فنر یاقیجیلرینه گلیردی. صوڭرا آوروپا و
آفریقا فنرجیلرنه... آردیندن گونه‌ی آمریقانڭكیلره... دها
صوڭرا قوزه‌ی آمریقالی فنرجیلره... صاحنه‌یه چیقیش
صیرالرینی هیچ شاشیرمزلردی. بویلجه محتشم بر گوستری
اولردی.

یالڭزجه قوزه‌ی قطبنده‌كی تك فنر یاقیجیسی ایله گونه‌ی
قطبنده‌كی مسلكداشی، حیاتلرینی تنبللك ایچنده گچیررلردی.
چونكه اونلرڭ ایشلری، ییلده ایكی كز اولردی.

اون یدی

انسان زکا اویونی اوینامه‌غه قالقیشنجه گرچکلردن براز اوزاقلاشابیلیور. فنر یاقیجیلرندن سوز ایدرکن تماماً طوغری شیئلر سویله‌میوردم. گزه‌گنیمزی طانیمایانلره بو قونوده یاگلش بیلگیلر ویرمش اولابیلیرم. انسانلر یریوزونده پك آز یر توتارلر. یریوزونده‌کی ایکی میلیارکیشی، بر میتینگی دیگلرمش گبی، صیقیشق طورومده آیاقده طورصه‌لردی اوزونلغی و گنیشلیگی یگرمی میللك اولان بر آلان قاپلامش اولرلردی. بوتون انسانلری پاسیفکده‌کی بر کوچوك آطایه، اوست اوسته صغدیرابیلردگز.

قوشقوسز بویوکلر بویله بر شیئه اینانمزلر. یریوزونده چوق فضله یر قاپلادقلرنی دوشونرلر. کندیلرنی باوباپ آغاجلری قدر اونملی ضن ایدرلر. اونلره کندی حسابلری ایله اونه‌رن. رقاملره بایلدقلری ایچون بو اونلری ممنون ایدر.

فقط سز بو ایشله ایلگیلنیپ زمانڭزی بوشه خرجامایڭ. بو چوق گرکسز. بڭا گوونیڭز وار، بیلیورم.

کوچوك پرنس، دنیایه واریپ کیمسه‌یی ده گوره‌مه‌ینجه چوق شاشیردی. تام ده یاڭلش گزه‌گنه گلدیگندن قورقمه‌غه باشلامشدی که قومده، آی ایشغی رنگنده بر حلقانڭ قیمیلدادیغنی گوردی. صوڭرا بونڭ بر ییلان اولدیغنی آڭلادی. اوڭا کبارجه،

«أیی گیجه‌لر!» دیدی.

«أیی گیجه‌لر!»

«قنغی گزەگنه دوشدم عجبا؟«

«دنیایه، آفریقایه...«

«اویله می؟ پکی، دنیاده کمیسه یوق می؟«

«بوراسی بر چول. چوللرده هیچ کیمسه اولمز.

دنیا چوق بویوکدر.«

کوچوك پرنس بر تاشڭ اوستینه اوتوردی و گوکیوزینه باقدی.

«کندی کندیمه هپ شونی صورارم،« دیدی.

«عجبا ییلدیزلر، گونڭ برینده هرکس کندی ییلدیزینی بولسن دییه می یانیورلر؟ بنم گزەگنیمه باق. تام اوستیمزده، آما اویله اوزاق که...«

«گوزل بر گزەگن... بورایه نه یاپمەغه گلدڭ؟«

«بر چیچکله باشم درده.«

«یا!« دیدی ییلان.

«بر سوره ایکیسی ده صوصدی. صوڭنده کوچوك پرنس قونوشدی:

«بو انسانلر نرەده؟ چولده براز یالڭز حس ایتدم...«

ییلان بو سوز اوزرینه،

«انسانلرڭ آراسنده ده يالڭزلق دويابيلر انسان،» ديدى.

كوچوك پرنس، ييلانه اوزون اوزون باقدى. صوڭنده، «چوق تحف بر حيوانسڭ،» ديدى. «پارماغم گبى اينجهجيكسڭ...»

«فقط بر قرالڭ پارماغيندن دها گوچليوم.»

کوچوك پرنس گولومسەدی.

«فضله گوچلی اولامازسڭ. آیاقلرڭ بیله یوق...»

هیچ بر یره بیله گیدەمزسڭ،» دیدی.

«سنی بر گمینڭ گوتورەجگندن دها اوزاقلره گوتورەبیلرم.»

کوچوك پرنسڭ آیاق بیلەگنه آلتون بر بیلەزیك گبی طولاندی. صوڭرا قونوشمەسنه دوام ایتدی:

«طوقندیغم انسانی چیقدیغی یره، طوپراغه گری یوللارم. فقط سن أیی بریسڭ و بر ییلدیزدن گلیورسڭ.»

کوچوك پرنس، هیچ سسیگی چیقارمەدی. ییلان:

«شو قایا قدر سرت دنیادە، بویلەسنه گوچسز اولدیغڭ ایچون آجیورم سڭا،» دیدی. «گونڭ برینده، گزەگنگی چوق اوزلرسڭ سڭا یاردیم ایدبیلرم. هم بن...»

کوچوك پرنس:

«آه!» دیدی. «چوق أیی آڭلادم، آما ندن هپ بویله گیزملی قونوشیورسڭ؟»

«بوتون گیزملری چوزرم بن.»

«صوڭرا ایکیسی ده صوصدی.

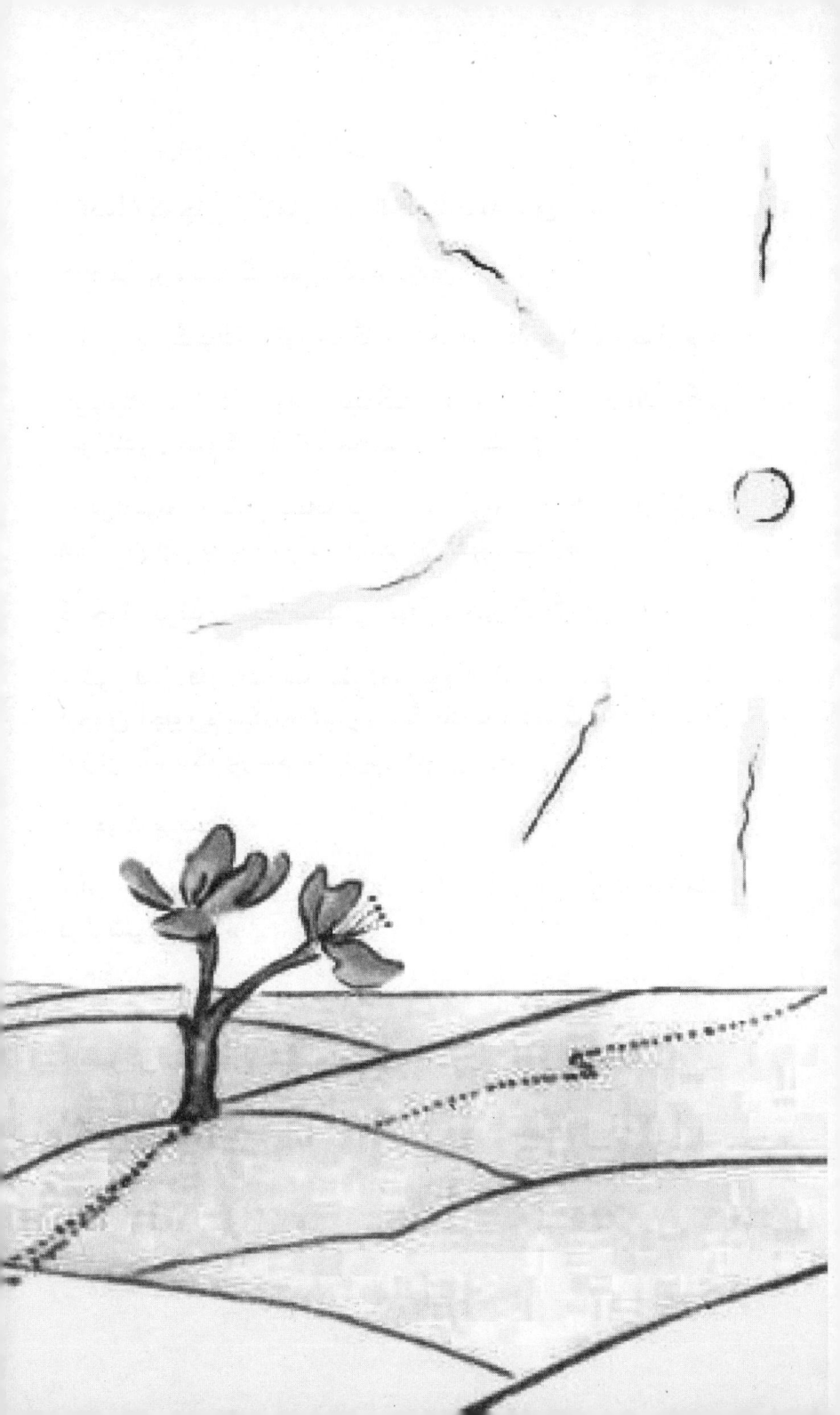

اون سکیز

کوچوك پرنس چولی بر باشدن بر باشه آشدی، آما یالڭزجه بر چیچگه راصتلادی. اوچ تاج یاپراقلی، فضله اوزللگی اولمایان بر چیچکدی بو...

«گون آیدن،« دیدی چیچگه.

«گون آیدن،« دیدی چیچك ده اوڭا.

«کوچوك پرنس کبارجه صوردی:

«انسانلر نرەده؟«

چیچك، بر گون بر کروانڭ گچدیگنی گورمشدی.

«انسانلر می؟ صانیرم آلتی یدی کیشی اولاجاقلر. اونلری ییللر اوڭجه گورمشدم، آما شیمدی کیم بیلر نەرەدەلر. روزگار، نرەیه، انسانلر اورایه. کوکلری یوقدر. بو یوزدن یاشام، اونلر ایچون زوردر.«

كوچوك پرنس چيچگه،

«خوشجه قال!» ديدى.

« خوشجه قال!» دييه قارشيلق ويدرى چيچك ده.

اون طوقز

کوچوك پرنس، اولدقجه يوكسك بر طاغه طيرماندى. شيمديه دك گورمش اولديغى طاغلر، كندى گزەگننده‌كى اوچ يانارطاغدى سادەجه، اونلرڭ ده بويى آنجاق ديزلرينه قدردى. سونمش يانارطاغى ده طابوره اولارق قوللانيوردى. كندى كندينه «هر حالده بو قدر يوكسك بر طاغدن، بر باقيشده بوتون گزەگنى و بوتون انسانلرى گورورم...» ديدى. آنجاق سيپسيورى قايالرڭ تپه‌لرندن باشقه بر شيئ گورەمەدى.

«گون آيدن! ديدى نازكجه.

« گون آيدن! گون آيدن! گون آيدن! دييه يانقيلاندى سسى.

«سز كيمسيڭز؟«

« سز كيمسيڭز؟ سز كيمسيڭز؟ سز كيمسيڭز؟«

«بنم دوستم اولڭ. چوق يالڭزم.«

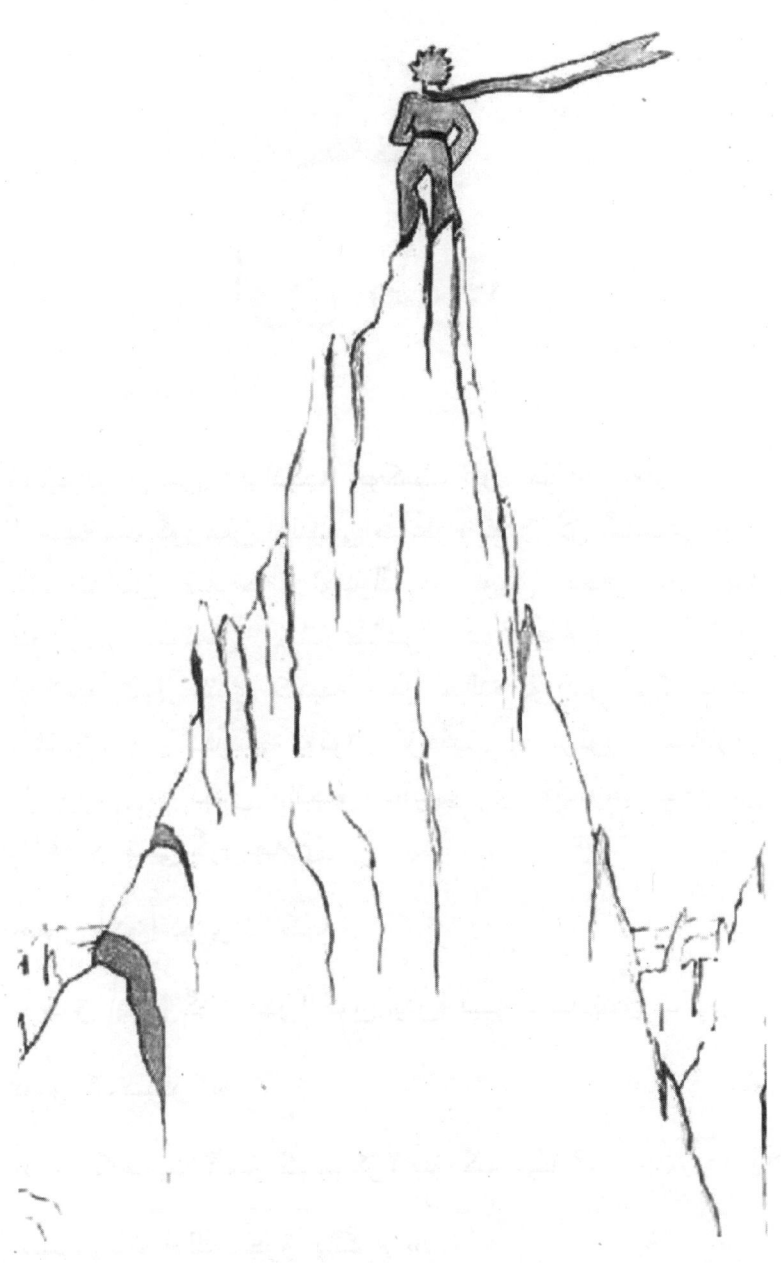

« یالڭزم... یالڭزم... یالڭزم...«

«نه تحف بر گزه‌گن!« دییه دوشوندی. «هر یر قوپقوری، سیپسیوری، سرت و قورقوتجی... هم انسانلرك ده خیال گوچلری هیچ گلیشمه‌مش... ساده‌جه کندیلرنه سویله‌ننی تکرار ایدیورلر... بنم أویمده بر چیچگم واردی، هر زمان ایلك اوگجه او قونوشردی.«

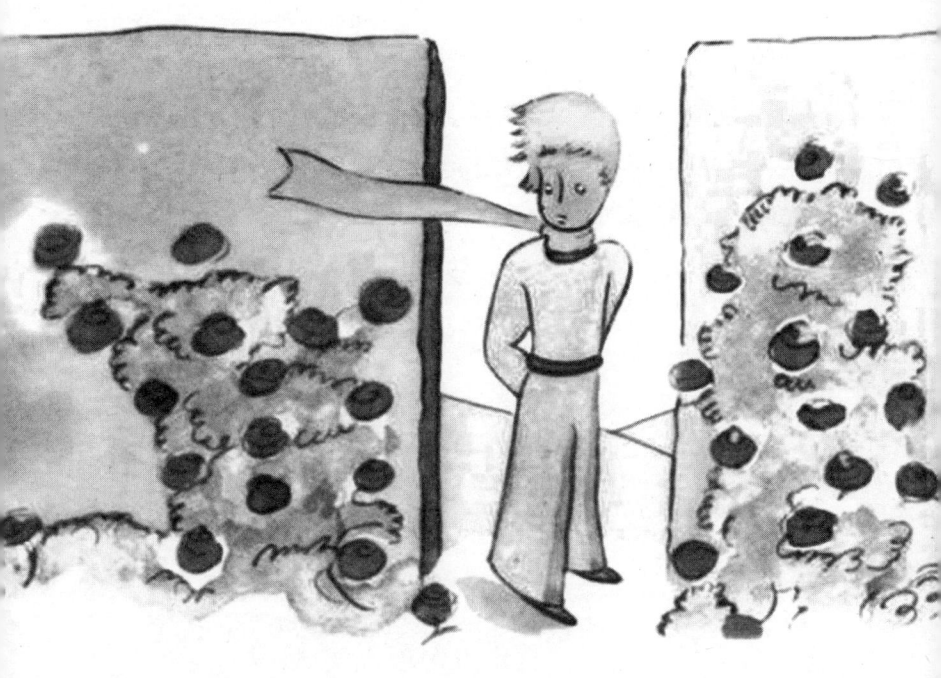

یگرمی

کوچوك پرنس قوملرك، قایالرك و قارلرك آراسنده اوزون بر یورویوشك آردیندن بر یول بولدی. بوتون یوللرك أنینده صوڭنده انسانلرن یاشادیغی یره چیقدیغنی بیلیوردی.

«گون آیدن،« دیدی.

قارشیسنده آچیلمش گوللرك اولدیغی بر گول باغچه‌سی واردی. گوللر ده اوڭا،

«گون آیدن!« دیدیلر.

«کوچوك پرنس اونلره باقدی. هپسی ده کندی چیچگنه بڭزیوردی. اونلره، شاشقن شاشقن،

«سز کیمسڭز؟« دییه صوردی.

«بز گوللرز،« دیدیلر.

او آڭده کندینی چوق موتسز حس ایتدی کوچوك پرنس. چیچگی اوڭا، بوتون أوره‌نده تك اولدیغنی سویله‌مشدی. فقط

بوراده سادەجه بر تك باغچەده، اوڭا طيپاطيپ بڭزەين بش بيكڭ گول واردی!

کوچوك پرنس کندی کندينه، «چيچگم بونلری گورسه چوق اوفکەلەنردی... گولنچ طورومه دوشمەمك ايچون بوغولاجق گبی اوکسورمەيه باشلاردی. بنم ده اونكڭ ايله ايلگيلەنيورمش گبی داورانمم گرکيردی. چونکه اونی جديه آلمز ايسم گرچكدن ده کندينی اولدوروردی...

«أشسز بر چيچگم اولديغی ايچون کنديمی زنگين صانيوردم. اويسه صيرادن بر گولم وارمش. صيرادن بر گول و آنجاق ديزلرمه قدر يوکسەلن اوچ يانارطاغ ايله بويوك بر پرنس اولامم کی... هم بلکه ده اونلردن بری ده سونمشدر،» دييه دوشوندی. صوڭرا ده اوطلرڭ اوزرنه ياتيپ آغلامەغه باشلادی.

یگرمی بر

ایشته تام او آکده، بر تیلکی چیقدی اورتایه. کوچوك پرنسه:

«گون آیدن!» دیدی.

کوچوك پرنس،

«گون آیدن،» دییه قارشیلق ویردی کبارجه، آما اطرافنه باقندیغنده هیچ بر شیئ گوره‌مدی.

«بن بوراده، ألما آغاجینڭ آلتینده‌یم،» دیدی سس.

«سن کیمسڭ؟ چوق گوزل گورونیورسڭ...»

«بن بر تیلکییم.»

«گل ده برابر اوینایالم. اویله موتسزم کی...»

«سنڭله اوینایامم. بن أوجیل بر حیوان دگلم.»

«آه عزر دیلەرم!« دیدی کوچوك پرنس. آما براز دوشوندکدن صوݣرا،

«أوجیل نه دیمکدر؟« دییه صوردی.

تیلکی:

«بورالی دگلسڭ غالبه،« دیدی. «بوراده نه آریورسڭ؟«

«انسانلری آریورم. أوجیل نه دیمك؟«

«انسانلرك،» دیدی تیلکی، «تفنکلری واردر و آولانرلر. بو چوق تدرگن ایدجی بر شیئدر. آیریجه تاووق ده یتشدریرلر. اونلرك ایلگی دویدیغی تك شیئ بودر. یوقسه تاووق می آریورسك؟»

«خایر. بن دوست آریورم. أوجیل نه دیمك؟»

«چوغونلقله اخمال ایدیلن شیئدر. باغلر قورمق آڭلامنه گلر.»

«باغلر قورمق می؟»

«ألبته! سن هنوز بنم گوزمده، سڭا بڭزیەن یوز بیڭلرجه کوچوك چوجوقدن یالڭزجه بریسك. هم سڭا احتیاجم یوق بنم. سنك ده بڭا احتیاجك یوق. بن سنك گوزگده، یوز بیڭلرجه تیلکیدن برییم، آما سن بنی أوجیللشدیریرسك بربریمیزه احتیاج دویارز. سن بنم ایچون دنیاده تك اولرسك. بن ده سنك ایچون دنیاده تك اولرم...»

کوچوك پرنس:

یاواش یاواش آڭلامەغه باشلیورم،» دیدی. «بر چیچك وار... صانیرم او بنی أوجیللشدردی...»

«اولابیلر. یریوزونده هر شیئ اولر...»

«یوق، بو یریوزونده دگل!»

تیلکی مراقله،

«باشقه بر گزه‌گنده می؟« دییه صوردی.

«أوت.«

«او گزه‌گنده آوجیلر وار می؟«

«یوق.«

«بو چوق ایلگنچ! پکی یا تاووقلر؟...«

«اونلر ده یوق.«

تیلکی ایچنی چکرك،

«هیچ بر شیئ تام اولمیور،« دیدی و صوڭرا یڭیدن آڭلاتمه‌غه باشلادی.

«یاشانتم تك دوزه‌در. بن تاووقلری آولارم،

انسانلر ده بنی آولارلر. بوتون تاووقلر بربرینه بڭزر، انسانلر ده اویله‌در. براز دا بو یوزدن جانم سیقیلیور. فقط بنی أوجیللشدیریرسڭ حیاتم آیدنلانر. سنڭ آیاق سسیڭی دگرلرینڭكندن آییرابیلرم. باشقه آیاق سسلری، بنی گیزلنمه‌یه زورلیور. سنڭ آیاق سسلرڭ ایسه طاتلی بر أزگی گبی بنی اینمدن دیشاری چیقارر. باق، شوراده‌کی بغدای طرلالرنی گورویرمیسڭ؟ بن أکمك ییمم. بغدای، بنم ایچون بر شیئ افاده ایتمز. بغدای طرلالری بڭا بر شیئ چاغریشدیرمز. بو ده کوتو بر شیئ! فقط سنڭ آلتون رنگی صاچلرڭ وار. بو یوزدن بنی آوجیللشدیریرسڭ چوق أیی اولاجق! او زمان، آلتون گبی پارلایان بغدایلر بڭا سنی خاطرلاتاجق. بویلجه روزگارڭ، بغدای طرلالرندن گچرکن چیقاردیغی سسی سوه‌جگم...«

تیلكی صوصدی و اوزون اوزون کوچوك پرنسه باقدی.

«رجاء ایدرم بنی أوجیللشدیر!« دیدی.

«بونی چوق ایسترم، آما فضله زمانم یوق. یڭی دوستلر بولمه‌لی و باشقه شیئلر اوگرنمه‌لییم.«

«انسان، یالڭزجه أوجیللشدیردیگی شیئلری طانیر.

انسانلرڭ بر شیئلر طانیمه‌غه زمانلری یوق. صاتیجیلردن حازر شیئلر صاتین آلیورلر. فقط دوست صاتان بر یر

اولمادیغندن، انسانلرڭ ده دوستلری اولمیور آرتق. بر دوست ایستیورسڭ بنی أوجیللشدیر!»

«سنی أوجیللشدیرمك ایچون نه یاپمم گرك؟»

«چوق صبرلی اولماڭ گرك. اوڭجه‌لكله بندن براز اوزاقده اوتوراجقسڭ؛ شویله اوطلرڭ آراسینه. بن سڭا گوز اوجی ایله باقاجاغم، آما سن بڭا بر شیئ سویله‌مه‌یه‌جكسڭ. چونكه قونشمق، یاڭلش آڭلاشیلمه‌لره سبب اولر. گون گچدكجه، بڭا براز دها یاقین اوتوراجقسڭ...»

كوچوك پرنس ایرتسی گون ینه گلدی. تیلكی اوڭا،

«عینی سعاتده گلسڭ دها أیی اولردی،» دیدی. «اورنگن، اوگله‌دن صوڭرا سعات دورتده گله‌جك اولورساڭ بن سعات اوچدن صوڭرا موتلی اولمه‌غه باشلارم. وقت ایلرله‌دكجه كندیمی دها موتلی حس ایدرم. سعات دورت اولنجه هیجانلانمه‌غه و حزورسز اولمه‌غه باشلارم. نه قدر موتلی اولدیغمی سڭا گوستره‌بیلمه‌لیم. آنجاق هرقنغی بر سعاتده گلیرسڭ یورگیمی قنغی سعاتده خازرلایاجاغمی بیله‌مم. بعضی شیئلر ایچون مراسم گرك.»

كوچوك پرنس:

«مراسم ندر؟» دییه صوردی.

«بو ده چوق اونوتیلان بر شیئدر. بر گونك، اوته‌کی گونلردن فرقلی اولدیغنی، بر سعاتك اوتکی

سعاتلردن دگیشیك اولدیغنی بلیرتن شیئدر. اورنگن، بنم آوجیلرمك بر مراسمی واردر. پنجشنبه گونلری کوی قیزلریله دانس ایدرلر. بو یوزدن، پنجشنبه، بنم ایچون چوق گوزل بر گوندر! بغه قدر دولاشمه‌غه گیدرم. أگر آوجیلرك دانس ایتدیگی گون بللی اولماسه ایدی نه زمان سربستجه دولاشاجاغمی بیله‌مزدم. بو یوزدن هیچ تعطیلم اولمزدی.»

بویلجه کوچوك پرنس تیلکیی أوجیللشدیردی. آیریلق زمانی یاقلاشنجه تیلکی حزنلنرك،

«آه!« دیدی. «شیمدی آغلایاجاغم.«

کوچوك پرنس:

«بو سنڭ سوچوك،« دیدی. «بن سنی اوزمك ایستەمزدم، آما أوجیللشمك ایستەین سندك.«

«أوت، اویله...«

«آما شیمدی آغلیورسڭ.«

« أوت، اویله.«

«بو طورومده هیچ بر قازانجڭ اولمادی!«

«قازاندم. بغدایلرڭ رنگینی خاطرلاسانه...«

صوڭرا شونلری ده أكلەدی:

«گیت، بر کز دها باق گوللره. سنڭ گولونڭ أشسز اولدیغنی آڭلایاجقسڭ. دها صوڭرا بڭا خوشجه قال دیمەیه گل، سڭا بر سر ویرەجگم.«

کوچوك پرنس، گوللری یڭیدن گورمەیه گیتدی. اونلره،

«سز بنم گولمه هیچ بڭزمیورسڭز. سزڭ، بنم ایچون هیچ بر دگریڭز یوق،« دیدی. «کیمسه سزی أوجیللشدیرمەمش، سز ده کیمسەیی أوجیللشدیرمەمشسڭز. سزڭ طورومڭز، تیلکیمڭ ایلك حالنه بڭزیور. أسکیدن او ده یوز بیڭلرجه

تیلکیدن بری ایدی. فقط شیمدی اونڭله دوست اولدق و آرتق بنم ایچون اونڭ أشی بڭزری یوق.»

گوللر، بو سوزلردن دولایی چوق اوزولمشلردی. کوچوك پرنس قونوشمه‌سنه دوام ایتدی:

«سزلر ده گوزلسڭز، آنجاق بر شیئ افاده ایتمیورسڭز. سزڭ ایچون اولمه‌یه دگمز. یولدن گچن بری، بنم گولمڭ سزلره بڭزدیگنی صانه‌بیلر، آما بنم گولم سزدن فرقلیدر و هپیڭزدن دها دگرلیدر. بن اونی صولادم، روزگاردن قورومق ایچون فانوسڭ آلتینه صقلادم... طرطللری، اوڭا ضرار ویرمه‌سنلر دییه اولدردم. اونڭ صزلانمه‌لرنی، اوونمه‌لرنی، حتی کیمی زمان ده صوصقونلغنی دینله‌دم. چونکه او، بنم بریجك گولمدر.»

صوڭرا تیلکینڭ یانینه دوندی.

«خوشجه‌قال!» دیدی.

«گوله گوله!» دیدی تیلکی. «سڭا ویره‌جگم سر شو: انسان، گرچگی آنجاق یورگی ایله گوره‌بیلر. گوزلر، هیچ بر شیئڭ اوزونی گورەمز. گولنڭ سنڭ ایچون دگرلی اولمه‌سنڭ سببی، اوڭا زمان خرجاماڭ و فداکارلقده بولونماڭدر.»

کوچوك پرنس اونوتمامق ایچون تکرارله‌دی:

« انسان، گرچگی یورگی ایله گورر. گولمه زمان خرجادم و فداکارلقده بولندم، بو یوزدن بنم ایچون دگرلی... «

«انسانلر شو گرچگی اونتدیلر، آما سن اونوتمامالیسك: أوجیللشدیردگمز شیئلردن صوروملی اولرز. سن ده گولگدن صورومليسك... «

گوچوك پرنس اونوتمامق ایچون تکرار ایتدی:

«گولمدن صوروملیم... «

يگرمى ايكى

«گون آيدن!» ديدى كوچوك پرنس.

«گون آيدن!» دييه قارشيلق ويردى دميريولى مقاصچيسى.

«بوراده نه ياپيورسڭ؟»

«يولجيلرڭ، گيتمك ايستهدكلرى يره وارمهلرنى صاغليورم.
اونلرى تاشيان ترنلرڭ كيمينى صاغه، كيمينى صوله
طوغرى يولليورم.»

«دركن، ايشيقلرى پيريل پيريل يانان بر خيزلى ترن،
بويوك بر گورولتى ايله مقاصچينڭ قلوبهسنى صارسدى.

كوچوك پرنس:

«چوق عجلهلرى وار غالبه،» ديدى. «نه آريورلر عجبا؟»

مقاصچى:

«لوقوموتيفى يونهتن بيله بيلمز بونى،» ديدى.

۱۱۹

براز صوڭرا ترس یوڭه طوغری خیزلی بر ترن دها گچدی. کوچوك پرنس:

«همان می گری دونیورلر؟ دییه صوردی.

«بونلر عینی ترن دگل. بو، قارشیدن گلن بر ترن.»

«بولوندقلری ییردن ممنون دگللر می؟»

«انسانلر، بولوندقلری ییردن هیچ بر زمان ممنون اولمزلر.»

او صیراده پنجره‌لری آیدنلانمش اوچونجی بر ترنڭ گوك گورولتوسنی آگدران سسی دویولدی. کوچوك پرنس:

«بونلر ده ایلك ترنده‌کی یولجیلری می قووالیور؟» دییه صوردی.

«هیچ بر شیئ قووالادقلری یوق. ایچریده شو آکده اویویر ویا أسنیوردر. یالکزجه کوچوك چوجوقلر بورنلرنی جامه یاپیشدیرمشلردر.»

«اویله ایسه یالکزجه چوجوقلر نه آرادقلرنی بیلرلر. بزدن بر ببك ایچون زمان خرجارلر.

بو ببك اونلره چوق دگرلی گورونر، أللرندن آلینینجه ده آغلرلر...»

«چوجوقلر چوق شانسلیدر.»

يگرمی اوچ

«گون آیدن!» دیدی کوچوك پرنس.

«گون آیدن!» دییه قارشیلق ویردی صاتیجی.

بو آدم، صوسزلغی گیدرمه‌یه یارایان حاپلر صاتان بری ایدی. بونلردن هفته‌ده بر دانه یوتولونجه صوسزلق حس ایدیلمیوردی. کوچوك پرنس:

«بونلری ندن صاتیورسڭ؟» دییه صوردی.

صاتیجی:

«بونلر انسانه زمان قازاندیرر،» دیدی. «اوزمانلر حساب یاپمشلر. انسان، بو حاپلرله هفته‌ده أللی اوچ دقیقه قازانیورمش.»

«یکی، بو أللی اوچ دقیقه‌یی نه یاپیورلر؟»

«جانلری نه ایستیورسه...»

كوچوك پرنس كندى كندينه، «بنم خارجانجق أللى اوچ دقيقم
اولسه ايدى، بر چشمه‌يه طوغرى آغر آغر يورومه‌يى
ترجيح ايدردم،» ديدى.

یگرمی دورت

اوچاغیمڭ چولده بوزولوشینڭ سکیزنجی گونی ایدی. صویومڭ قالان صوڭ طاملاسنی ایچرکن کوچوك پرنسدن صاتیجینڭ آڭلاتدقلرنی دینلیوردم. کوچوك پرنسه،

«خاطرەلریڭی دینلەمك چوق گوزل، آما اوچاغیمی حالا اوڭارمش دگلم، ایچجك صویم ده یوق. شورادن بر چشمەیه طوغری یورومەیی چوق ایستردم!«

«دوستم تیلکی...«

«کوچوك دوستم، شیمدی تیلکیدن بحث ایتمەنڭ صیراسی دگل...«

«ندن؟«

«چونکه صوسزلقدن اولمك اوزرەیم...«

کوچوك پرنس ندن بویله دوشوندیگمی آڭلامادی، آما شویله دیدی بڭا:

«انسان اولەجك بيله اولسه بر دوستونڭ اولمەسى چوق أيى بر شيئدر. بن، بر تيلكى دوستم اولديغى ايچون چوق موتليم اورنگن...»

«كوچوك پرنس، تهليكەنڭ بويوكليگنڭ فرقنده دگل،» دييه دوشوندم. «نه قرنى آجيقيور نه ده صو ايچمك ايستيور. برازجق گونش اوڭا ييتيور...»

او آڭده بڭا باقدى و ايچمدن گچنلره جواب ويردى.

«بن ده صوسادم... بر قويو آرايالم...»

بو ايشڭ آڭلامسز اولاجاغنى بللى ايدن بر حركت ياپدم. چونكه بو اوچسز بوجاقسز چولده، بر قويو آرامق صاچمه ايدى. يينه ده يورومەيه باشلادق.

بويلجه هيچ قونوشمدن، سعاتلر بويونجه يورورکن گيجه اولدى و ييلديزلر ايشيمەغه باشلادى. صوسزلق يوزوندن براز آتشم چيقديغى ايچون، ييلديزلرى صانكه دوشومده گورويورمش گبى ايدم. كوچوك پرنسڭ سوزلرى بللگمده دولانيپ طوريوردى. اوڭا:

«ديمك سن ده صوسادڭ، اويله مى؟» دييه صوردم.

فقط او، صورومه جواب ويرمەدى. يالڭزجه شونلرى سويلدى:

«صو، انسانڭ يورگينه أيى ده گلهبيلر...«

نه ديديگنى آڭلامادم، آما سسمى چيقارمادم... اوڭا صورو صورولماماسى گركتگينى بيليوردم.

چوق يورولمشدى. اوطوردى. بن ده يانينه اوتوردم. بر سوره صوصدقدن صوڭرا يينه قونشدى.

«بورادن گورهمهديگمز بر چيچك يوزوندن، ييلديزلر گوزلدر،« ديدى.

«ألبته،« ديدم و سسمى چيقارمدن آى ايشغى آلتيندهكى قوم تپهلرنه باقدم.

«چول گوزلدر،« دييه أكلهدى كوچوك پرنس.

بو طوغرى ايدى. چولى بن ده هپ سودم. انسان اورادە، بر قوم تپهسينڭ اوستنه اوطورر، آما هيچ بر شيئ گورمز و ايشتمز. يينه ده بو سسسزلگن ايچنده بر سس دويولر، بر شيئلرڭ پارلاديغى گوريلر. كوچوك پرنس:

«چولى گزللشديرن شيئ، بر يرينده بر قويونڭ گيزلنمش اولمهسيدر،« ديدى.

او صيرادە، قومدهكى گيزملى بر پاريلتينڭ ندنيگى آڭلاديغمده شاشقينه دونمشدم. كوچوك بر چوجوك ايكن أسكى بر أوده اوطورىوردق. سويلنتيه گوره، بو أوده بر خزينه گيزلى ايمش. ألبته هيچ كيمسه اونى بولامادى.

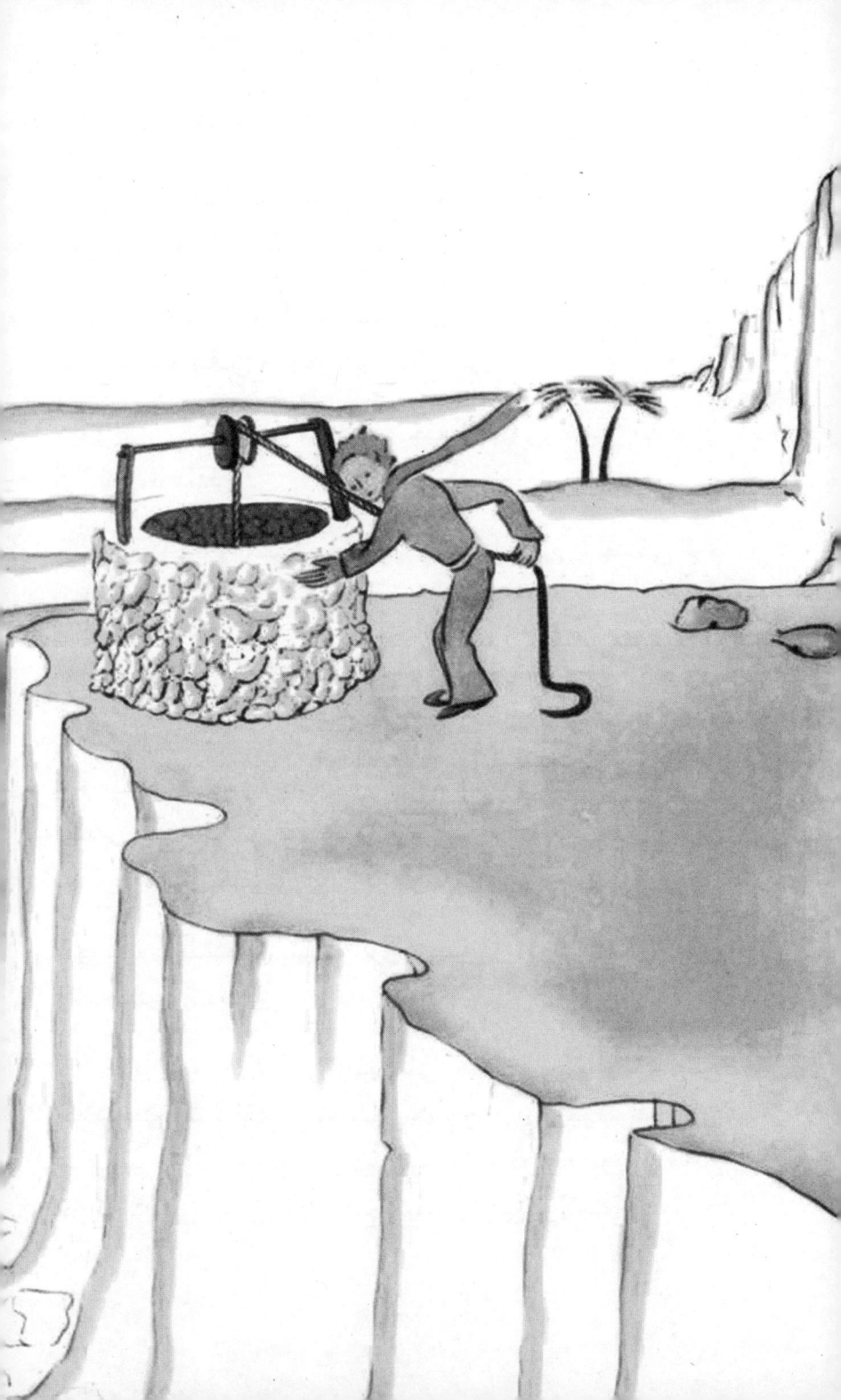

بلکه ده بو خزینه هیچ آرانمه‌دی بیله، آما بوتون أوه بر جاذبه قازاندیرمشدی. أویم، یورگنده بر سر صاقلیوردی...

«أوت!» دیدم کوچوك پرنسه. «ایستر أو اولسن، ایستر ییلدیزلر، ایستر چول... اونلری گوزل یاپان شیئ، گوزله گورولمز!»

«تیلکیمله عینی دوشونجه‌ده اولمه‌گه سویندم،» دیدی.

کوچوك پرنس اویقویه دالینجه اونی قوللرمه آلدم و یکیدن یوله قویولدم. هیجانلی ایدم. نارین بر خزینه طاشیورمشم گبی بر دویغویه قاپیلمشدم. حتی بگا، یریوزونده بوندن دها قیرلغن بر شیئ یوقمش گبی گلیوردی. آی ایشغنده آیدنلانان صولوق آلنینه، قاپالی گوزلرنه، روزگارده تیترشن صاچلرنه باقیور و کندی کندیمه «بوراده گوردوگم، بر دیش قابوقدن باشقه بر شیئ دگل. اصل اونملی اولانی ایسه گوزله گورولمیور...» دیوردم.

یاری آچیك دوداقلرنده خفیف بر گولمسه‌مه گورنجه «قوللرمده ایویان شو کوچوك پرنسده بنی اصل جوشقولاندرن شیئ،» دییه دوشوندم؛ «اونڭ بر چیچگه، اویودیغی زمان بیله ایچنده بر لامبه علوی گبی پارلایان بر گولڭ گورونتیسنه اولان باغلیلیغدر...»

او آگده، دها نارین گوروندی گوزمه. اونی قورومام
گرکیردی. چونکه او، اوفاجق بر أسینتیله بیله سونەبیلەجك
بر علودی.

بو شكلده يورورکن گون طوغمەسنه یاقین، قويويی بولدم.

يگرمی بش

«انسانلر خیزلی ترنلرن ایچینه طیقلیورلر آما نه آرادیقلرنی بیله بیلمیورلر،« دیدی کوچوك پرنس. «اورادن اورایه قوشوشدیریور، هیجانلانیور، دونپ دونپ دوریورلر...«

آردیندن شونلری أکلدی:

«بونجه صیقینتیه دگر می صانکه!«

بولدیغمز قویو، چول قویولرنه بڭزمیوردی. چول قویولری، قومڭ درینلکلرنه قازیلمش صیرادن دلیکلردر. بو ایسه بر کوی قویوسنی آڭدیریوردی. نه وار که اطرافده کوی فالان یوقدی. رؤیا گوردیغمی صانیوردم. کوچوك پرنسه:

«چوق تحف،« دیدیم. «هر شیئ خازر؛ چیقرق، قووا، ایپ...«

گولدی و ایپی طوتدی، صوڭرا چیقرغی دوندوردی. چیقرق، روزگارڭ اوزون زماندر اونوتدیغی أسکی بر دگیرمنڭ قاناتلری گبی ایڭلەدی. کوچوك پرنس:

«دویویورسڭ یا،» دیدی. « بز بو قویویی اویاندیریورز، او ده بزه شارقی سویلیور...»

اونڭ یورولمەسنی ایستەمیوردم.

«بیرق ده بن یاپایم،» دیدم. «سن زورلانرسڭ.»

قووایی اوصلجه قویونڭ اغزنه قدر چکیپ دنگەلی بر بیچمده یرلشدیردم. قولاقلرمده چیقرغڭ شارقیسی چینلیوردی و حلا تیترین صویڭ ایچنده، گونشڭ صاللانديغنی گوریوردم. کوچوك پرنس:

بو صویی ایچمك ایستیورم،» دیدی. «بڭا براز ویرر میسڭ؟»

او آڭده نه آرادیغنی آڭلادم. قووایی دوداقلرنه قدر قالدردم. صویی، گوزلری قاپالی بر شکلده ایچدی. بو، طاتلی بر شولن گبی ایدی. بو صو گرچکدن ده هرقنغی بر ایچجکدن چوق فرقلیدی. ییلدیزلر آلتیندەکی اوزون یورویشڭ، چیقرغڭ شارقیسنڭ، قوللرمڭ چاباسنڭ اورونی ایدی طاتلیلغی. یورگه طبقی بر آرمغان گبی أیی گلیوردی.

کوچوك بر چوجوقکن ییلباشی اغجینڭ ایشغی، گیجه یاریسی آیینینڭ موزیگی، گولومسمه‌لرڭ سیجقلغی، آلدیغم ییلباشی آرمغانینی بویله ایصتردی.

«سنڭ یاشادیغڭ یرده‌کی انسانلر تك بر بغچه‌ده بش بیڭ گول یتیشدیریورلر، آما ینه ده آرادقلرنی اوراده بولامیورلر،» دیدی کوچوك پرنس.

«أوت، بولامیورلر،» دییه قارشیلق ویردم.

«اویسه آرادقلری شیئی، بر تك گولده ویا برازجق صوده بولابیلرلر.»

«أوت، طوغری.»

«آما گوزلر کوردر. انسان گوزلریله دگل، یورگی ایله باقمه‌لی...»

براز صو ایچمشدم و آرتق رحات صولوق الابیلیوردم. گون طوغارکن قوم، بال رنگنده گورنر. بو رنك بڭا هر زمان موتلیلق ویرمشدر. فقط ندنسه شیمدی ایچم صیقیلیوردی. یڭیدن یانمه اوتورن کوچوك پرنس، طاتلی بر سسله بڭا،

«سوزڭی طوتمه‌لیسڭ!» دیدی.

«قنغی سوزی؟«

«خاطرلاساگه... قویونم ایچون بر طاسمه سوزی ویرمشدڭ... او چیچکدن بن صورومليوم!«

جبیمدن رسملرمی چیقاردم. کوچوك پرنس اونلری گوردی و گولرك،

«سنڭ باواباپ آغاجلرڭ براز لخنایه بڭزیور،« دیدی.

«یا! اویسه بن باواباپلرمی چوق بگنیوردم!«

«تیلکینڭ قولاقلری ده براز بوینوزه بڭزیور...

هم ده چوق اوزون !«

یینه گولدی.

«حقسزلق ایدیورسڭ کوچوك دوستم. بن فیل یوتمش بر بوآ یيلانینڭ ایچدن و دیشدن گورونشلری دیشنده بر شیئ چیزمه‌یی بیلمیورم.

«آه، صورن اولمز. چوجوقلر آڭلر.«

بر طاسمه چیزدم. بونی اوڭا ویررکن یورگم بورقولدی.

«غلیبه بیلمه‌دیگم طصاریلرڭ وار سنڭ،« دیدم.

بڭا جواب ويرمدی.

«بيليور ميسك،» ديدی. «يارين يريوزونه گليشمك ييلدونومی...»

براز صوصدقدن صوڭرا أكلەدی:

«بورايه چوق ياقين بر يره دوشمشدم...»

صوڭرا قيزاردی.

بنمسه ايچمه، ندنينی بيلمەدگم بر حزن چوكدی. عقلمه بر صورو گلدی.

«ديمك بر هفته اوڭجه، سنی طانيديغم صباح بويله ياپايالڭز، انسانلرڭ ياشاديغی يرلردن بيڭلرجه ميل اوزاقده دولاشمان بر راستلانتی دگلدی. دوشدگڭ نوقطەيه گری دونيوردڭ، اويله می؟»

كوچوك پرنس يينه قيزاردی. براز بكلەدكدن صوڭرا أكلەدم:

«بلكه ده ييلدونومی ايچوندی بو!»

كوچوك پرنس يڭيدن قيزاردی. صورولرمه هيچ قارشيلق ويرميوردی، اما قيزارمەسی، «أوت» آڭلامينه گلمز ميدی؟

«قورقارم كه...» دييه سوزه باشلادم.

همان سوزمی کسدی:

«شیمدی ایشنڭ باشینه دونمه‌لیسڭ. بن سنی بوراده بکلیور اولاجاغم. یارین آقشام بیینه گل...«

آما ایچم هیچ رحات دگلدی. تیلکینڭ سویلدکلرنی دوشونیوردم. انسان بر کز أوجیللشرسه براز گوزیاشی دوکمه‌یه ده خازرلقلی اولمه‌لیدر...

یگرمی آلتی

قویونڭ یانندە أسکی بر طاش دوار ییقنتیسی واردی. أرتسی آقشام ایشمدن دونرکن دوستمی دوارڭ اوستندە باجاقلرنی صارقتمش اوطورر‌کن گوردم. شویلە دیدگنی دویدم:

«دیمك خاطرلامیورسڭ. تام اولارق بوراسی دگلدی.»

بر سس اوڭا جواب ویرمش اولمەلیدی، چونکە کوچوك پرنس یکیدن قونشدی.

«یو، یو!» بوگوندی، آما یر بوراسی دگل.»

دووارە طوغری یورودم. حلا بر شیئ گورمیوردم. ایوسە کوچوك پرنس یینە قونشدی.

«أوت. قومدە، آیاق ایزلرمڭ نرەدن باشلادیغنی گوررسوڭ. بنی بورادە بکلەمڭ یترلی. بو گیجە اورادە اولرم.»

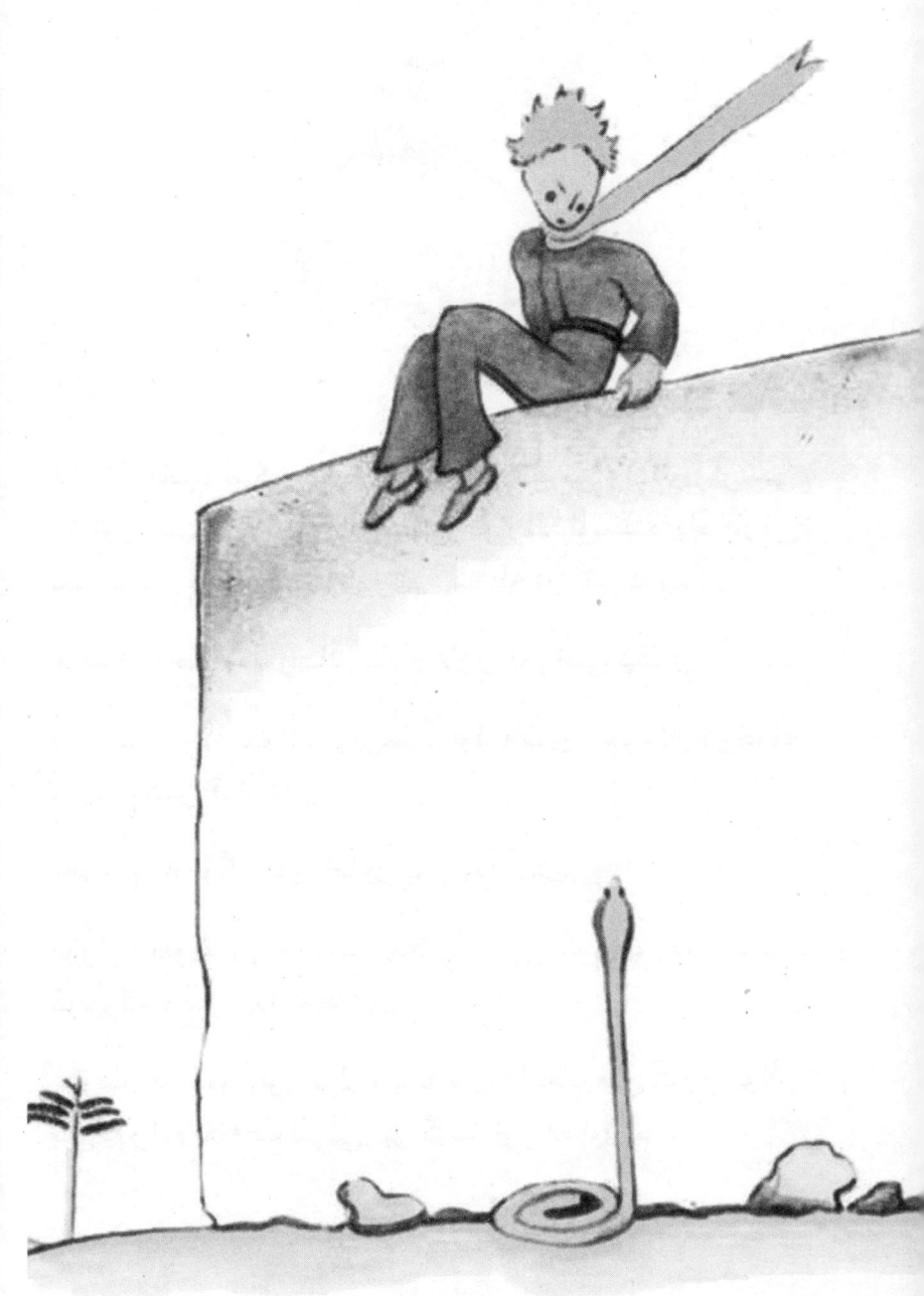

دوواردن يگرمی مترو اوتده ایدم و حلا هیچ بر شیئ گورەمیوردم. کوچوك پرنس، براز صوصدقدن صوڭرا یینه قونشدی.

«زهركڭ أتكيلى مى؟ بڭا اوزون سوره آجى چكديرميجگنه أمين ميسكڭ؟«

یورگم صیقشمشدی. اویلجه قالاقالمشدم. آما حالا نه اولدیغنی آڭلامش دگلدم.

«شیمدی گیت آرتق،« دیدی. «اشاغی اینمك ایستیورم.«

باقشلرمی دووارڭ دیبینه ایندرپ باقتغم آڭده یرمدن صیچرادم! انسانی اوتوز ثانیەده حقلایابیلن صاری ییلانلردن بری، کوچوك پرنسه طوغری دیکمشدی باشینی. طابانجەمی چیقارمق ایچون جبیمی قارشدیررکن بر یاندن ده قوشیوردم. فقط ییلان چیقاردیغم گورولتیی دویونجه، سونەن بر صو فسکیەسی گبی همانجەجك قوملره قارشدی و خفیف بر حشیرتی ایله یاواشجه طاشلرڭ آراسنه سوزولدی.

تام زماننده دووارڭ یانینه واریپ، بمبیاز کسیلن کوچوك دوستمی کوجاقلادم.

«بو ده نه دیمەك! شیمدی ده ییلانلرله می قونوشیورسڭ؟« دیدم.

سورکلی بوینونده طورن صاری آطقیسنی چوزمشدم. شاقاقلرنی ایصلاتمش و اوڭا صو ایچرمشدم. شیمدی اوڭا بر شیئ صورمه‌یی گوزه آلامیوردم. بڭا دیقاتله باقدی و قوللرنی بوینمه طولادی. یورگینڭ توفنكله اورلوب اولن بر قوش گبی چارپدیغنی دویویوردم. شویله دیدی:

«مکنه‌ڭی تعمیر ایده‌بیله‌جگڭه سوندم. بویلجه أویڭه دونه‌بیله‌جکسڭ.«

«بونی نره‌دن بیلیورسڭ؟« دییه صوردم.

اویسه بن، هیچ اوممادیغم حالده موتوری تعمیر ایتمیی باشاردغمی سویله‌مك ایچون گلیوردم! صوروومه جواب ویرمدی، آما شونلری سویلدی:

«بن ده بوگون أویمه دونیورم...«

آردیندن اوزونتی ایله أکله‌دی:

«اوراسی چوق اوزاق... هم گیتمه‌سی ده چوق دها زور...«

اولاغندیشی بر شیئلرڭ اولدیغنی سزیوردم. اونی بر کوچوك چوجوك گبی قوللرمده صیقیوردم. آما صانکه کوچوك پرنس، بر اوچورمه طوغری سوروکلنیورمش گبیدی و اونی توتمق ایچون ألیمدن بر شیئ گلمیوردی...

باقیشلری دونوقلشمش، صانکه اوزاقلرده غائب اولمشدی.

«سنڭ قویونڭ بنده،» دیدی. «قویون ایچون یاپدیغڭ صندیق ده بنده. طاصمه ده...»

صوڭرا حزنلی بر شکلده گولمسه‌دی. اوزون سوره بکله‌دم. یاواش یاواش کندینه گلدیگنی سزیوردم.

«کوچوك دوستم، قورقمشسڭ...» دیدم.

گرچکدن ده قورقمشدی، آما طاتلی طاتلی گولمسه‌یرك،

«دها بو گیجه ده قورقاجاغم،» دیدی.

چاره‌سزلك دویغیسی ایله یڭدن بوز گبی اولدم. بو گولوشی بر دها هیچ گوره‌میه‌جك اولمه‌یه دایاناماياجغیمی آڭلادم. بنم ایچون چولده تازه بر صو پیڭاری گبیدی گولوشی.

«کوچوك دوستم، سنڭ گولدوگیڭی ینه گورمك ایستیورم،» دیدم.

فقط او بڭا:

«بو گیجه تام بر ییل اولاجق،» دیدی. «ییلدیزم گچن ییل دنیاده دوشدیگم یرن تام اوستنده اولاجق...»

«کوچوك دوستم! بوتون بو ییلانله بولشمه اویکوسنڭ و ییلدیزڭ کوتو بر رؤیا اولدیغنی سویله!»

صورومه قارشیلق ویرمه‌دی.

«اصل اونملی اولان شیئ گوزله گوروله‌مز،» دیدی.

«أوت، بیلیورم...»

«چیچك ایچون ده اویله. بر ییلدیزده یاشایان بر چیچگی سورسڭ گیجه‌لری گوکیوزینه باقمق خوش اولر. او زمان بوتون ییلدیزلر چیچك آچار.»

«بیلیورم...»

«صو ایچون ده عینی شیئ گچرلی. بڭا ایچمم ایچون ویردگن صو، ایپ و چیقرق صایه‌سنده بر موزك گبیدی، خاطرلیور میسڭ نه قدر ده گوزلدی؟»

«أوت، خاطرلیورم.»

«گیجه‌لین ییلدیزلری سیر ایت. بنم یاشادیغم گزه‌گنده هر شیئ چوق کوچوك، بو یوزدن نره‌ده اونی بولابیله‌جگگی سڭا گوستره‌مم. بلکه بویله‌سی دها أییدر. بنم ییلدیزم سنڭ ایچون، هرقنغی بر ییلدیز اولاجق. او زمان بوتون ییلدیزلری سیر ایتمه‌یی سوه‌جکسڭ... هپسی سنڭ ده دوستڭ اولاجق. آیریجه سڭا بر آرمغان ویرمك ایستیورم...»

کوچوك پرنس بیینه گولدی.

«آه، کوچوك دوستم! بنم سوگیلی کوچوك دوستم! گولدیگگی گورمك چوق خوشمه گیدیور!»

«بنم آرمغانم ده بو اولاجق... طبقی صویی ایچدیگمز زمان اولدیغی گبی...»

«نه دیمك ایستیورسڭ؟»

«هر انسانڭ ییلدیزلری واردر، آما هپسی ده فرقلی بر آڭلام افاده ایدر. یولجیلر ایچون ییلدیزلر یول گوستریجیدر. کیمیلرنه گوره، گوکیوزونده‌کی کوچوك پاریلتیلردن باشقه بر شیئ دگلدر. بیلگنلر ایچون چوزلمه‌سی گرکن بررر صوروندر. بنم ایش آدمینه گوره اونلر برر آلتوندر. نه وار که ییلدیزلرڭ هپسی سسسزدر. سنڭ، تك باشیگه، باشقه‌لرنگکندن چوق فرقلی ییلدیزلرن اولاجق...»

«نه دیمك ایستیورسڭ؟»

«گیجه‌لری گوکیوزونه باقدیغڭ زمان، بن بونلردن برینده اوطوردغم ایچون و بونلردن برینده گولدگم ایچون سڭا بوتون ییلدیزلر گولویورمش گبی گلجك. سنڭ ییلدیزلرڭ، گولمه‌یی بیله‌ن ییلدیزلر اولاجق!»

صوڭرا یینه گولدی و دوام ایتدی:

«اوزونتڭ گچینجه ده (بوتون اوزونتیلر بر گون گچر) بنی طانیدیغڭه سوینه‌جکسڭ. هرزمان بنم دوستم اولاجقسڭ.

بنمله برلیکده گولمك ایسته‌یه‌جکسڭ. کیمی زمان، صرف بو کیفی یاشامق ایچون پنجره‌ڭی آچاجقسڭ. صوڭرا دوستلرڭ، سنڭ گوکیوزونه باقیپ گولدوگڭی گورنجه چوق شاشیراجق. او زمان اونلره، «أوت، ییلدیزلر بنی هپ گولدیررا!» دیه‌جکسڭ. اونلر ایسه سنی دلی صانه‌جقلر. بویلجه سڭا أگلنجه‌لی بر اویون اوینامش اولاجغم...»

صوڭرا ینه گولدی.

«صانکه سڭا، ییلدیز یرنه گولمیی بیلن ییغنله کوچوك چینغراق ویرمشم گبی اولاجق...»

صوڭرا یینه گولدی و آردیندن جدیلشرك،

«بو گیجه... آڭلارسڭ یا... گلمه،» دیدی.

«سنی بیراقمایاجغم.»

«آجی چکیورموشم گبی اولاجق... براز ده اولیورموشم گبی... هر زمان بویله اولر. بونی گورمه‌یه گلمه دها أیی، ضحمته دگمز.»

«سنی بیراقمایاجغم.»

کوچوك پرنس قایغیلی گورنیوردی.

«بونی ده براز او ییلان یوزوندن ایستیورم.

سنی صوقماسن دیه... ییلانلر کوتو نیتلی یاراتقلردر. انسانی زوق اولس دییه صوقابیلرلر...«

«سنی بیراقمایاجغم.«

بر شییٔ اونی رحاتلتمشدی.

«طوغری یا، ایکنجی کز ایصردقلرنده زهرلری قالمز!«

او گیجه یوله چیقدیغنی گورمه‌دم. سسسز صداسز چیقیپ گتمشدی. اوڭا یتیشدگم صیره‌ده، قارارلی و خیزلی آدیملرله یوریوردی. بڭا یالڭزجه،

«آه، دیمك بورادەسكْ!« دیدی.

صوڭرا أليمدن طوتدی، آما يڭيدن آجی ايله قيوراندی.

«آرقامدن گلمه‌مه‌ليدڭ. آجی چکجکسڭ. اوليورمش گبی اولاجغم، آما اصلينده اولمه‌يه‌جگم...»

بنسه سسمی چيقارميوردم.

«بنی آڭلامه‌ليسڭ. اوراسی چوق اوزاق، بو بدنی اورايه قدر طاشيامام.»

هيچ بر شيئ سويله‌ميوردم.

«بر كناره آتيلمش بر دڭيز قابوغی گبی اولاجق بدنم. بونڭ ايچون اوزولمه‌يه دگر می؟...»

صوصمه‌يه دوام ايتدم. جسارتی براز آزالدی، آما يينه چبا خرجاياراق،

«گوزل اولاجق، بيليور ميسڭ؟» ديدی. «بن ده ييليدزلره باقاجغم. بوتون ييلديزلر، چيقرغی پاسلانمش برر قويو اولاجق. بوتون ييلديزلر صو ويره‌جك بڭا...»

بر شيئ سويلمه‌دم.

«اويله أگلنجه‌لی اولاجق كه! سنڭ بش يوز مليون چينغراغڭ اولاجق، بنمسه بش يوز مليون صو پيڭارم...»

صوڭرا او ده صوصدی. چونكه گوزیاشلری قونوشمه‌سنه
أنگل اولیوردی.

«ایشته گلدك،» دیدی. «بیراق ده تك باشیمه گیدیم.»

صوڭرا اوتوردی، چونکه قورقیوردی.

«بیلیورسڭ...« دیدی. «بر چیچگم وار و اوندن صورملیوم. هم او اویله گوچسز، اویله صاف که! کندیسنی قورومق دیشنده بر ایشه یارامایان دورت کوچوك دیکنندن باشقه بر شیئی یوق...«

او آڭده آیاقده طوراجق گوجم قالمادیغندن بن ده اوطوردم.

«ایشته،« دیدی. «هپسی بو قدر...«

براز بکله‌دی، صوڭرا یڭیدن قالقدی و بر آدیم آتدی. بنسه یرمدن قیمیلدایامیوردم.

ساده‌جه آیاق بیلگنڭ یانینده صاری بر ایشق پارلادی. بر آڭ حرکتسز طوردی. هیچ باغرمادی. بر آغاج ناصل دوریلرسه او ده اویله یاواشجه یره دوشدی. قومه دوشدیغی ایچون گورولتی بیله اولمادی.

يگرمی يدی

آرادن تام آلتی ییل گچدی... بو اویکویی شیمدیه دك هیچ کیمسه‌یه آڭلاتمادم. دوندگم زمان بنی قارشیلایان آرقاداشلرم، ساغ اولمه‌مه چوق سویندیلر. اصلنده چوق اوزگوندم، آما اونلره یورغون اولدیغمی سویلدم.

اوزونتم گچدی آرتق. تماماً دگل ألبته... آما کوچوك پرنسڭ، گزه‌گنینه دوندیگنه أمینم. چونکه گونش طوغدیغنده بدنینی بولامادم. ذاتاً اویله آغر بر گووده دگلدی... گیجه‌لری ده ییلدیزلری دینله‌مه‌یی چوق سویوروم. طبقی بش یوز میلیون چینغیراق گبی.

فقط جانمی صیقان بر شیئ وار... کوچوك پرنس ایچون چیزدیگم طاصمه‌یه قایش أکلمه‌یی اونوتمشم! قویونینی هیچ بر زمان باغلایامایاجق. بو یوزدن دوشونمدن ایده‌میورم شیمدی: گزه‌گنینده نه‌لر اولدی عجبا؟ بلکه ده قویون، چیچگی یمشدر...

كيمى زمان كندى كنديمه، «كسينلكله اولمز! كوچوك پرنس،
گجيهلرى چيچگينى جام فانوسكُ آلتينه قويوير، قويونينه گوز
قولاق اوليوردر،» ديوروم. او زمان موتلى اوليرورم.
بوتون ييلديزلر ده بگا طاتلى طاتلى گولومسيور.

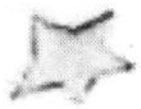

بعضاً ده «یا دلغینلغنه گلیر ده بر آقشام جام فانوسی قاپاتمه‌یی اونوترسه یا ده قویون گیجه سسسزجه قاچارسه...» دییه دوشونیورم. ایشته او زمان، چینغراق سسلری بر اغلامه سسینه دونوشیور...

بویوك سر بوراده ایشته. کوچوك پرنسی سون سزلر ایچون اولدیغی گبی بنم ایچون ده، بیلنمه‌ین بر یرده، هیچ طانیمادیغیمز بر قویون، بر گولی یمیشسه أورنده هیچ بر شیئ أسکیسی گبی اولمز. گوکیوزونه باقڭ. گندیڭزه «قویون، گولی ییدی می، ییمه‌دی می؟» دییه صورڭ. او زمان هر شیئڭ ناصل دگیشدیگنی گوروسڭز...

بر یتیشکن، بونڭ نه دگلی اونملی اولدیغنی هیچ بر زمان آڭلامایاجق!

بو، بنم ایچون دنیانڭ أڭ گوزل، أڭ حزن ویرن منظره‌سیدر. بر اوگجه‌کی گورونتینڭ عینیسیدر، آما بللگڭزده دها أیی یر ایتسن دییه اونی بر کز دها چیزدم. کوچوك پرنسڭ یریوزونده اوگجه گورونیپ صوڭرا ده یوق اولدیغی یر بوراسیدر.

بو یره دقتله باقڭ که گونڭ برینده آفریقا چوللرینه یولیڭز دوشرسه اورایی طانیابلیرسڭز. اگر اورادن گچجك اولرساڭز لطفاً عجله ایتمه‌یڭ، تام ییلدیزڭ آلتینده براز بکله‌یڭ! اوراده، صاچلری آلتون رنگنده اولان و صورولرڭزه جواب ویرمه‌ین بر چوجوغڭ گولمسه‌یرك

سزه طوغری گلدیگنی گورورسه‌ڭز اونڭ کیم اولدیغنی همان آڭلرسڭز. او زمان بر أییلك ایدڭ و اونڭ گری دوندیگینی بڭا همان یازڭ...

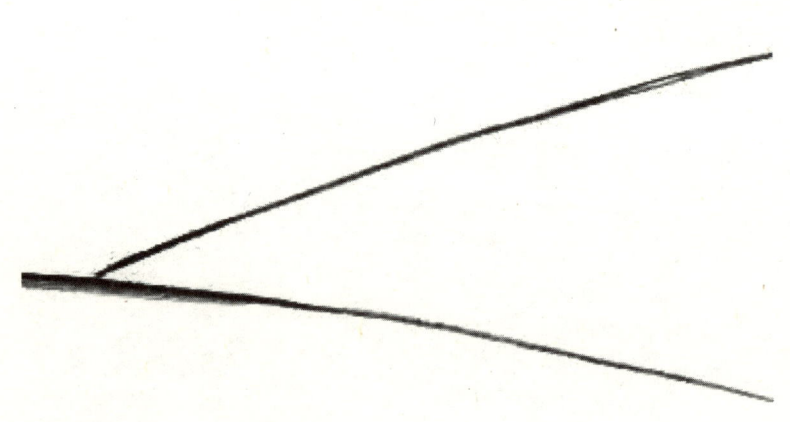